Das Buch

Vielleicht ist es vermessen, die großen Fragen des Lebens und Sterbens, die Fragen des Glaubens und Nichtglaubens in Leitartikeln abzuhandeln. Aber diese Fragen bewegen die Menschen viel mehr und viel intensiver als die Frage, wie das Programm der neuen Bundesregierung aussieht. Die Texte Heribert Prantls handeln von Gott und der Welt, vom Auftrag Europas und davon, was Heimat ausmacht.

Der Titel des Buches verweist auf seinen Schwerpunkt: *Alt. Amen. Anfang.* Es geht um das Alter und darum, ob und wie es eine Gesellschaft gut verändern kann. Dabei ist das große und lange Altern so neu, dass es die Menschen noch gründlich lernen müssen.

Der Autor

Heribert Prantl, Jahrgang 1953, ist Mitglied der Chefredaktion der *Süddeutschen Zeitung*, Chef der innenpolitischen Redaktion, Honorarprofessor für Rechtswissenschaften an der juristischen Fakultät der Universität Bielefeld, politischer Publizist und gelernter Richter und Rechtsanwalt. Prantl ist Autor zahlreicher Leitartikel, Kommentare und politischer Bücher. Er wurde unter anderem mit dem Geschwister-Scholl- und mit dem Kurt-Tucholsky-Preis ausgezeichnet.

Von Heribert Prantl sind in unserem Hause
außerdem erschienen:

Kindheit. Erste Heimat

Im Namen der Menschlichkeit

Heribert Prantl

Alt. Amen. Anfang.

Neue Denkanstöße

Ullstein

Besuchen Sie uns im Internet:
www.ullstein-taschenbuch.de

Ungekürzte Lizenzausgabe im Ullstein Taschenbuch
1. Auflage Oktober 2017
© der Originalausgabe: Süddeutsche Zeitung GmbH,
München für die Süddeutsche Zeitung Edition 2013, 7. Auflage 2016
Produktmanagement: Sabine Sternagel
Grafik und Satz: Matthias Worsch
Herstellung: Thekla Licht, Hermann Weixler
Umschlaggestaltung und Titelabbildung: zero-media.net, München
Druck und Bindearbeiten: CPI books GmbH, Leck
ISBN 978-3-548-37662-2

INHALT

VORWORT

„Was zählt?", fragt der erste Text in diesem Buch: Es zählen oft ganz andere Dinge als die, die einen politischen Journalisten so tagtäglich beschäftigen.

Kinder sind unsere Zukunft" – das hört man in der Politik jeden Tag; aber das ist nur die halbe Wahrheit. Zur ganzen Wahrheit gehört: Auch die Alten sind „unsere Zukunft". Denn unsere Zukunft ist das Alter. Es geht um die Menschen, die ein Leben lang gerackert haben und es jetzt nicht mehr können, weil sie im Winter des Lebens angekommen, weil sie krank und dement sind. Sie gelten, nur weil sie alt sind, als Infragestellung dessen, was für normal gehalten wird: Leistung, Fitness, Produktivität. Ein System aber, das nicht in der Lage ist, sich um die ganz Alten zu kümmern, ist selber dement.

Früher hatten die Menschen Angst vor dem Sterben; heute haben sie Angst vor dem Altern. Die Gesellschaft hat es sich angewöhnt, über das Alter zu stöhnen – gerade so, als ob dieses Altern nur aus Demenz und Leid bestünde. Das längere Leben ist aber auch eine Auferstehung. In nur einem Jahrhundert haben die Menschen zwanzig Jahre an Lebenszeit gewonnen. Früher bestand ein Leben aus Frühling, Sommer und Winter, also aus Kindheit, Arbeit und Sterben. Mit den geschenkten Jahren ist ein langer Herbst dazu gekommen. Das große und lange Altern ist so neu, dass es die Menschen noch gründlich lernen müssen.

Wenn sie es gut lernen, wird das die Gesellschaft grundlegend verändern. Es wird die Gesellschaft menschlicher machen, weil die älteren Leute Zeit haben für die Dinge, für die die Jungen keine Zeit haben. Es wird die Gesellschaft klüger machen, weil die älteren Menschen Erfahrungen haben – Erfahrungen, die die Jungen noch nicht haben. Der lange Herbst wird die Gesellschaft sozialer machen, wenn die geschenkten Jahre nicht nur Freizeit, sondern auch eine soziale Zeit sein werden. Es wird, wenn es gut geht, einen neuen Gesellschaftsvertrag geben: Die Menschen im Herbst, in der dritten Lebenszeit also, werden die Erziehung ihrer Kinder hinter sich haben, werden sich um die Menschen in der vierten Lebenszeit, um die ganz Alten, um die im Winter also, kümmern. Sie werden merken: Auch der demente Mensch ist ein Mensch, auch wenn er nicht mehr vernünftig ist. Er ist eben ein Mensch mit Demenz und mit Leib und Seele, Sinnlichkeit, Kreativität und Emotion. Es wird die Kindheit der Kinder verändern, wenn sie in einer Gesellschaft aufwachsen, die ein anderes Bild vom Menschen entwickelt: Das Menschsein wird nicht am Lineal von Ökonomie und Leistungsfähigkeit entwickelt.

Was Heimat ist

Der Respekt vor den Kindern und der Respekt vor den Alten gehören zusammen; er ist das Band, welches das Leben umspannt. Gehört es nicht zu diesem Respekt, dass Alte auch in Ruhe verrückt werden dürfen?

Das sind Fragen, mit denen sich politische Leitartikel normalerweise kaum beschäftigen – das sind aber Fragen, die mich beschäftigen, nicht nur weil ich eine alte Mutter habe, die achtundachtzig ist. Am Sonntag mag ich mit meiner alten Mutter die alten Kirchenlieder singen. Und in den Leitartikeln zu den großen Festtagen mag ich aufschreiben, was mir dann durch den Kopf geht. Ich habe es schon im Vorwort zum ersten Band der „Denkanstöße" geschrieben, in „Der Zorn Gottes": Vielleicht ist es vermessen, die großen Fragen des Lebens und Sterbens, des Glaubens und Nichtglaubens in Leitartikeln abzuhandeln. Aber diese Fragen bewegen die Menschen noch viel mehr und viel intensiver als die Frage, wer der nächste Bundeskanzler wird und wie ein Regierungsprogramm aussieht.

„Alt. Aus. Amen." das ist der Titel eines Textes in diesem Band, der zugleich für dessen Schwerpunkt steht. Und weil mir das „Amen" in Kombination mit dem „Aus" zu apodiktisch ist, weil dieses Amen das Alter zu sehr einsegnet, habe ich die Überschrift für diesen Buchtitel verändert. „Alt. Amen. Anfang". Nicht „Aus", sondern „Anfang". Der Anfang steht für die Hoffnung, die das Alter machen kann. „Was zählt?", fragt der erste Text in diesem Buch: Es ist wohl anderes als das, was einen politischen Journalisten so tagtäglich beschäftigt.

In diesem Buch geht es also ums Alter, und darum, ob und wie sich eine alternde Gesellschaft gut verändern kann. Es geht in diesem Buch auch um den Glauben, und was er bedeutet. Und es geht um Heimat, und was sie bedeutet. Ein Text, der mir da besonders am Herzen liegt, handelt von meiner oberpfälzischen Heimat, ihrer Verbindung zu Böhmen und dem Städtchen, in dem ich geboren und aufgewachsen bin. Die Heimat Oberpfalz, die Heimat Böhmen: Sie ist die verlorene Geliebte der europäischen Geschichte.

Heimat. Auch der Glaube kann Heimat sein. Glaube lernt man nicht, indem man Dogmen und den Katechismus auswendig lernt; man lernt ihn wie eine Sprache, in der man aufwächst. Der Glaube wird einem von den Eltern wie ein Mantel um die Schultern gelegt. Die einen wärmt der Mantel, den anderen wird er zu schwer und zu eng. Wenn er einem zu eng wird, kann man ihn wegwerfen; man kann ihn auch in Ehren halten. So mag ich es halten.

In diesem Buch sind Leitartikel zu den Festtagen Weihnachten, Pfingsten und Ostern versammelt, Texte, die sich mit Gott, der Welt und der Heimat befassen sowie Essays zur Sozialpolitik und zur europäischen Kultur des Teilens. Kultur des Teilens? Ja, zur europäischen Leitkultur muss diese Kultur des Teilens gehören, weil der Heilige des Teilens, Sankt Martin, zu den ältesten Heiligen dieses europäischen Kontinents gehört. Das hat, zum Beispiel, Konsequenzen für die europäische Flüchtlingspolitik, die den Flüchtlingen nicht einmal einen Zipfel des Mantels gönnt. Und so führt uns der Heilige Martin wieder zum klassischen Leitartikel und zu den klassischen politischen Themen.

Heribert Prantl

WEIHNACHTEN

Kein Mensch würde von der Zählung, der Volkszählung des Kaisers Augustus, wissen, wenn mit ihr nicht die Weihnachtsgeschichte beginnen würde. Wer diese Weihnachtsgeschichte versteht, der sieht den Menschen hinter der Zahl. Das ist Liebe.

Was zählt

V or der großen Erzählung kommt die große Zählung. Die Weihnachtsgeschichte beginnt nicht weihnachtlich, sondern staatlich. Sie beginnt mit der Geschichte von der Erfassung des Lebens, sie beginnt mit der Unterwerfung des Lebens unter die Zahl: alle aufschreiben, alle erfassen, alles aufzeichnen.

Der Gottkaiser Augustus hat allen Bewohnern seines Reiches befohlen, sich in ihren jeweiligen Geburtsstädten registrieren zu lassen. Er setzt damit, zu seinen Zwecken, die ganze Welt in Bewegung. Wie diese Geschichte ausgeht, um wie viel die Steuereinnahmen des Imperiums gestiegen sind – das erfahren wir nicht mehr, weil der Evangelist Lukas diese Zählgeschichte abbricht und eine Gegengeschichte beginnt: die Weihnachtsgeschichte.

Sie handelt von kleinen Leuten, von Maria und Josef, einem Kind in der Krippe und von Hirten; es ist eine Geschichte über Leute, die zwar gezählt werden, die aber eigentlich nichts zählen. Vordergründig folgen sie dem Gebot. Sie sind gehorsam, machen sich auf den Weg; aber der mündet ganz woanders, nicht bei der Zählung, sondern in einer großen Erzählung.

Ein aberwitzig schönes Märchen

Es beginnt eine Befreiungsgeschichte, in der eine Botschaft „vom Himmel" kommt und der Kontroll-Befehl des Augustus von oben, von Engeln und himmlischen Heerscharen, durchlöchert und abgelöst wird. Abgelöst wird die höchste Instanz, diejenige, die mit Zahlen regiert. Auch wenn man das Ganze nur für ein aberwitzig schönes Märchen hält – das Wahre an dieser Gegengeschichte ist: Sie hat die Welt verändert. Aus der Gegengeschichte über die kleinen Leute ist große Geschichte geworden.

Kein Mensch würde von der Zählung des Augustus wissen, wenn mit ihr nicht die Weihnachtsgeschichte beginnen würde – die als Beginn einer Befreiungsgeschichte gedeutet wird. Sie stellt nicht weniger als einen neuen Himmel und eine neue Erde in Aussicht. Sie hat eine klare Botschaft: Höchstes Wesen ist nicht ein Kaiser, sondern ein Mensch, der ohne Obdach zur Welt kommt. Sie ist die Geschichte von der großen Umkehrung.

Im Himmel und auf Erden zählt letztlich nur eine Währung. Die heißt nicht Sesterz, Euro oder Dollar, sondern – Entschuldigung – Liebe. Wer das nicht kapiert, ist ein Schaf, auch wenn er Nobelpreisträger wäre. Und wer das zu gefühlig findet oder sich selber nicht mag, der kann es für sich ja so übersetzen: Man muss den Menschen neben sich nicht mögen, braucht sich keine falschen Gefühle einreden, muss ihn aber respektieren – ihn also so behandeln, wie man selber behandelt werden will. Dann braucht man nicht die sarrazineske Angst vor den Unterschieden zu haben. Wer die Weihnachtsgeschichte versteht, der sieht den Mensch hinter der Zahl. Das ist Liebe.

Im Himmel und auf Erden zählt nur eine Währung: Liebe

Die Kaiser heißen heute anders, sie heißen Markt, Rendite, Effektivität und Sicherheit. In ihrem Namen wird so viel gezählt wie nie zuvor. Es wird gezählt, was die Leute wann und wo kaufen, es werden zu Werbezwecken Profile von ihren Vorlieben angelegt, sie werden zur Einschätzung von Finanzkraft und Kreditwürdigkeit sortiert, ihre Kaufwünsche werden vorausberechnet – im Internet so akribisch und treffsicher wie noch nie. Persönlichste Daten werden umfassend erfasst. Vom Staat, im Interesse der Sicherheit; und von der Wirtschaft, im Interesse guter Geschäfte. Es wird gerankt, evaluiert und angeblich Qualität analysiert, die dann oft wiederum an der Quantität, also an der Zahl, gemessen wird. Gezählt werden auch die Dienste der Menschlichkeit. Pflege wird in Module getaktet; die Krankenschwestern in der häuslichen Pflege sind mit Zeiterfassungsgeräten unterwegs. Die halten fest, ob die vorgeschriebenen knappen Zeiten für die Alten eingehalten werden. Waschen, füttern, Windeln wechseln – alles nach Minuten und Sekunden.

Das Leben verliert seinen Faden

Menschliche Begegnung wird aufgefressen von der Zähl- und Nachweisbürokratie. Bei der Betreuung von Suchtkranken, von psychisch Kranken und Wohnungslosen werden „face-to-face"-Kontakte gezählt, sie müssen von den „Betroffenen" unterschrieben werden, und nur dafür wird gezahlt. In Sozialdiensten, Medizin und Altenpflege ist es so wie auf dem öffentlichen Klo. Dort hängen die Listen aus, auf denen die Reinigungskräfte eintragen müssen, wann sie geputzt haben. Eine solche Erfassung scheint für Ordnung in einer unordentlichen Gegenwart zu sorgen. Sie sorgt aber vor allem für Effizienz und Gewinn. Die heutige Allgegenwart der Erfassung ist Kennzeichen und Symbol für eine Gesellschaft in ihrem Übergang von der festen zur flüchtigen Phase der Moderne: Aus Arbeit wird Leiharbeit, aus dem Beruf werden Jobs auf Zeit, aus dem Leben eine Aneinanderreihung von Situationen, wechselnden Rollen, Projekten und Episoden.

Arbeit und Leben werden zerlegt in immer kleinere Stücke; stabile Gemeinschaften und soziale Bindungen werden abgelöst von Netzwerken und wechselnden Patchwork-Konstellationen. Früher gab es Identitätszwänge, aber es gab immerhin Identität; diese Identität wird von Flexibilität abgelöst, und Lebensplanung zu einem Wort aus der Vergangenheit. Das Leben von immer mehr Menschen verliert seinen Faden. Daraus resultieren mehr Ängste als aus den Turbulenzen um den Euro.

Der Mensch wird, und das macht Angst, dem Geld immer ähnlicher: Geld treibt dahin, ist flüchtig, ballt sich zusammen. Es muss nicht wundern, dass die Flüchtlingsströme den Geldströmen folgen. Die Existenz dieser Flüchtlinge wird allenfalls als Zahl registriert, ihre Geschichte interessiert niemanden.

Große Geschichten vom Alltag kleiner Leute

Leben wird aber nicht durch Zahlen erfasst, sondern durch Erzählung beschrieben. Eine Lebensgeschichte ist nicht Addition und Subtraktion bestimmter Zahlen und Daten, sondern Erzählung des nicht Be- und Verrechenbaren. Die Weltreligionen wissen davon. Sie stellen den Menschen große Geschichten bereit, in die sie ihre kleinen Lebensgeschichten einschreiben können. Es sind dies allgemein anerkannte Grunderzählungen, in denen die Menschen ihre eigenen Lebenserzählungen miterzählt wissen. Diese großen Geschichten, in der Bibel heißen sie oft Gleichnisse, handeln vom Alltag kleiner Leute, die dem Leben der Bedeutungslosen Bedeutung geben und dabei Krankheit, Verlorenheit, Angst, Verzweiflung und Tod nicht auslassen.

Die Weihnachtsgeschichte ist ein Beispiel. Sie ist Ouvertüre zu vielen anderen Geschichten, in denen gespeist, gerettet, geheilt und von den Toten auferweckt wird. Es sind Hoffnungsgeschichten. Jahrhundertelang haben sich die Menschen darin wiedergefunden. Das funktioniert nicht mehr so richtig, nicht nur wegen der Säkularisierung. Auch deshalb, weil die Menschen in der getakteten Welt das Erzählen und Zuhören verlernt haben. Um zu erzählen, braucht man ein Gegenüber, das die Geschichte hören will und sich die Zeit nimmt. Mit dem Erzählen beginnt die Gegengeschichte zur flüchtigen Moderne, beginnt der Widerspruch. Erzählen schützt davor, im Gefühl der Sinnlosigkeit zu versinken. Erzählen heilt. Zuhören auch. Man nimmt dabei den anderen wahr – als Mensch, nicht als Gefahr. Das ist Weihnachten.

Erschienen am 24.12.2011

Die Rettung, von der die Weihnachtsengel künden, ist viel menschenfreundlicher als die Euro-Rettung. Sie hat aber den Nachteil, dass sie seit zweitausend Jahren angekündigt wird, aber nicht kommt.

Rette sich, wer kann

D ie Stücke des Dramatikers Samuel Beckett handeln vom vergeblichen Warten: darauf, dass einer kommt oder darauf, dass einer geht. Die Menschen in diesen Stücken wissen einfach nicht, was sie tun sollen: Sollen sie in der Untätigkeit verharren? Oder sollen sie diese Untätigkeit durch eine Entscheidung durchbrechen? Und weil sie sich nicht entscheiden können, flüchten sie sich in Rituale, die immer leerer werden; oder sie erzählen Geschichten, die immer dünner werden. Das Stück über das vergebliche Warten darauf, dass einer kommt, heißt „Warten auf Godot"; das Stück über das vergebliche Warten darauf, dass einer geht, heißt „Endspiel". Beide Stücke werden derzeit in Europa gespielt; nicht im Theater, sondern in der Realität.

Irgendetwas geht seinen Gang

Warten auf das Rettende, Erlösende. In Becketts „Endspiel" fragt in einem dunklen Zimmer ein Mann namens Hamm voller Angst: „Was ist los? Was passiert eigentlich?" Und der andere, der Clov heißt, antwortet: „Irgendetwas geht seinen Gang." Das ist keine schlechte Beschreibung für das, was die Menschen in der Finanz-, Staatsschulden-, Euro- und Griechenlandkrise fühlen. Irgendetwas geht seinen Gang: Bei Beckett sind das die Dialogfetzen aus der Tragödie vom Erlöschen des Lebens. So schlimm ist es in Europa nicht. Aber das Gefühl, dass etwas in Europa ungut seinen Gang geht, dass Europas Zukunft an mangelnder Solidarität zerbrechen könnte, ist schlimm genug.

Dabei war das Jahr 2012 das Jahr der Rettung. So viel Rettung war nie; in jeder Nachrichtensendung wurde gerettet: der Euro, Griechenland, Europa, das Geld, die Banken, die Wirtschaft, das System und seine Glaubwürdigkeit. Das Vertrauen natürlich auch: das Vertrauen der Märkte darauf, dass sie gut bedient werden; das Vertrauen der Bürger, dass sie ebenfalls gut bedient werden; und das Vertrauen darauf, dass beides gut zusammenpasst, auch wenn es nicht zusammenpasst.

Zum Erhabenen passen keine vollgeschissenen Windeln

Wo Rettung ist, da sind auch Retter – Kommissare und Investoren, Regierungschefs und Minister; sie steigen aus Limousinen, tagen in Perpetuum-mobile-Tagungen, treten vor die Kameras und berichten in wechselnden Posen: beschwichtigend und beschwörend, halbherzig und forsch; sie kündigen die angeblich alternativlosen und dann doch wieder revidierten Programme an. Diese Retter sind mächtig oder tun jedenfalls so; sie umgeben sich mit den Insignien der Macht.

Und nun also Weihnachten, es kommt noch ein Retter – einer, der ganz anders ist, der mit der geschilderten Rettungsroutine nichts zu tun hat, dem aber auch überaus routiniert, mit romantischer Routine, gehuldigt wird – mit einem Lied an Heiligabend, in dem es heißt: „Christ, der Retter ist da-ah!" Ein merkwürdiger Retter, es handelt sich um einen Säugling, der aber angeblich göttlich ist. Insignien der Macht gibt es bei ihm nur insofern, als seine Ankunft von Engeln gemeldet wird. Das kann mit TV, Twitter und Nachrichtenagenturen mithalten: „Euch ist der Retter geboren", lautet die Botschaft, und sein Zeichen soll sein, dass er in Windeln gewickelt in einer Krippe liegt. Retter? So nannten sich zur Zeit von Christi Geburt nur die Kaiser des römischen Weltreichs: „Soter tes oikumenes" auf Griechisch, Retter des

Erdkreises. Windeln und Krippe als Embleme für sie – das war undenkbar; allein schon beides in Verbindung zu bringen, war eine Provokation! Einer der Ehrentitel des Augustus war „der Erhabene". Zum Erhabenen passen keine vollgeschissenen Windeln. Rettung im biblischen Sinn ist aber gerade nicht erhaben über das Volk; sie ist in Tuchfühlung mit den Nicht-Betuchten. Rettung soll daher, so wird verkündet, „den Menschen ein Wohlgefallen" sein. Von der Euro-Rettung kann man das nicht sagen.

Die Euro-Rettung geschieht nicht in Solidarität mit den Nicht-Betuchten. Sie ist eine ver-rückte Rettung. Mit der Rettungssemantik wird suggeriert, es gehe um die Menschen. Gerettet werden aber Schuldverhältnisse, Finanzbeziehungen, Machtgefüge, Wirtschaftssysteme; sie sollen überleben. Ob und wie Menschen dabei überleben, ist sekundär. Bei den Nachrichten aus den EU-Südländern über die Folgen der Sparprogramme erinnert man sich an einen medizinischen Kalauer, der hier bittere Realität wird: Operation gelungen, Patient tot.

Die Rettung kommt vor allem durch einen selber

Weil in den Südländern die Währung, da sie ja jetzt gemeinschaftlich ist, nicht mehr abgewertet werden kann, werden die Beschäftigten abgewertet und die Nichtbeschäftigten ausgehungert – zum angeblichen Wohl des Großen, des Ganzen und der EU. Die Fluchtwege für das Finanzkapital aus den Südländern in die Schweiz und in sonstige Refugien werden dagegen nicht versperrt. Und in den nordeuropäischen Ländern verweigert man sich dem rettenden Schuldenerlass, will nicht teilen, nicht verstehen, dass das für alle, für ganz Europa, gut wäre. Den meisten Griechen und Millionen von arbeitslosen Jugendlichen in den EU-Südländern ergeht es so wie Gustl Mollath, dessen Fall in Deutschland so viele Menschen erregt hat: Mollath wurde zur angeblichen „Sicherung und Besserung" für Jahre ins Kuckucksnest eingewiesen – wo sich alles verschlechterte. Rette sich, wer kann vor solcher Rettung! EU-Kommissionspräsident Barroso

hat in seiner Weihnachtsbotschaft Hoffnung auf die Rüstungs-
industrie gesetzt: Die werde gute Arbeitsplätze für Jugendliche
schaffen. Das sagt der Vertreter des Friedensnobelpreisträgers.
Rette sich, wer kann.

Die Rettung, von der die Weihnachtsengel künden, ist viel
menschenfreundlicher. Sie hat aber den Nachteil, dass sie nun
seit zweitausend Jahren angekündigt wird, aber nicht kommt.
Das liegt daran, dass zu viele Leute immer wieder erwartet haben, dass irgendwas passiert, dass irgendwer kommt: ein Godot,
ein Gott, eine Revolution. Oder dass irgendwas oder irgendwer
verschwindet: ein Diktator, die Ausbeutung, das Elend. Die Rettung kommt aber nicht durch irgendwas oder irgendwen, sondern vor allem durch einen selber. Der Weihnachtsretter will
sehend machen – den Blick auf Menschen lenken, die in Ret-
tungsreden nicht vorkommen. Man sieht dann die spanische
Mutter, die sich aus dem Fenster stürzt, weil sie mit ihren Kindern aus der Wohnung gewiesen wird. Man sieht den älteren
Herrn, der im griechischen Café den Gast höflich um den Keks
auf dem Teller bittet, weil er Hunger hat. Man sieht den Alten im
deutschen Altersheim in seiner dreckigen Windel liegen, weil gerade keiner Zeit für ihn hat.

Weihnachten kann sehend machen – darin liegt Hoffnung.
Vielleicht sieht man dann auch, wie es mit Europa weitergeht.
Europa braucht menschliche Solidarität, um gerettet zu werden.
Solidarität ist eine weihnachtliche Botschaft. Solidarität ist das,
was allen gut tut.

Erschienen am 24.12.2012

*Schade eigentlich, dass es kein Weih-
nachtsevangelium gibt, in dem das
Christkind schreit wie am Spieß, weil
es Hunger hat. Unsereins hat Hunger
an Weihnachten – nach dem, was Leib
und Seele, was Familie und Freunde
zusammenhält.*

Oma, Ochs und Esel

Natürlich, Geschenke gehören dazu. Aber noch etwas gehört zum Heiligabend; es gehört dazu wie der Baum und die Geschenke: das Essen, das gemeinsame Essen, das immer gleiche Gericht am immer gleich gedeckten Tisch. Es ist gar nicht so wichtig, was es am Heiligabend zu Essen gibt – ob es nun Bratwürste sind, Forelle blau, italienische Vorspeisen oder Wienerle in der Kartoffelsuppe.

Wichtig ist das schöne Ritual, das Familienritual, über das man nicht nachdenken und nicht streiten muss. Meine Großmutter hat gern gesagt, dass Essen Leib und Seele zusammenhält. Es hält auch Familie und Freunde zusammen. An Weihnachten spürt man das – ja, und die Seele ganz besonders.

Gemeinsam essen macht friedlich, beim gemeinsamen Essen kann man spüren, was Familie ist. Man spürt das auch dann, wenn es keine ganz heile und schon gar keine heilige Familie ist, in der man lebt. Die heilige Familie war ja auch keine besonders heile Familie:

Da war eine unverheiratete junge Frau namens Maria, da war eine ungeplante Schwangerschaft und eine uneheliche Geburt in einem Stall; und da war ein Verlobter namens Josef, der sich darüber Gedanken machte, von wem eigentlich das Kind ist. Wenn wir diese Figuren in der Krippe aufstellen, stellen wir sie ganz nah zusammen und wir rücken Ochs und Esel ganz nah heran. So nah wollen wir uns in unserer Familie an Weihnachten auch fühlen - und einmal nicht danach fragen, ob da einer ein Ochs oder ein Esel ist.

Schade eigentlich, dass in keiner Weihnachtsgeschichte und in keinem Weihnachtsevangelium das Christkind schreit wie am Spieß, weil es Hunger hat; das Christkind ist immer so brav und still, selbst dann, wenn die Hirten und die Heiligen Drei Könige kommen. Wir aber haben Hunger an Weihnachten – nicht unbedingt nach Bratwürsten oder blauen Forellen, sondern nach dem, was Leib und Seele, was Familie und Freunde zusammenhält.

Erschienen am 12.12.2012

Beim Propheten Jesaja steht der Satz: „Gib frei, die Du bedrückst, reiß jedes Joch weg! Bring den Hungrigen Dein Brot, und die im Elend sind, führ in Dein Haus!" Das ist ein gutes Motto für einen Friedensnobelpreisträger, also für die Europäische Union.

Wie viel Mantel braucht der Mensch?

Vom Sankt Martin weiß man, dass er seinen Mantel mit einem Armen teilte. Das hat ihn zum Sozialheiligen gemacht – zu dem Heiligen also, der zum Teilen mahnt. Dieser Heilige, der zum Teilen mahnt, teilt seinen Vornamen mit Martin Luther. Luther heißt nämlich deswegen Martin, weil er 1483 am Vorabend des Martinstages, also am 10. November geboren wurde. Luther erhielt, wie damals üblich, den Namen des Heiligen seines Tauftages. Das verpflichtet. Das ist sozusagen doppelte Mahnung.

Wir feiern also doppelten Namenstag – den Namenstag des Sankt Martin, den Namenstag von Martin Luther. Wir feiern den Tag mit Martinszug und Laternen, wir feiern ihn, das gehört nun mal zu feiern, mit einer Martinsgans zum Essen. Die Gans, wenn sie schon sein muss, kann man übrigens auch teilen. Der Mantel wärmt von außen. Eine Gans wärmt, das wusste Martinus Luther, der kein Kostverächter war, ganz gut, von innen.

Und dass man sich am Martinstag zu Luthers Zeit noch mehr als heute dieser Völlerei hingab, hing damit zusammen, dass früher die weihnachtliche Fastenzeit schon am 12. November, am Tag nach Sankt Martin, begann. Am 11. November erlaubte man sich also noch einmal den fleischlichen Genuss, bevor man darauf bis zum Weihnachtstag verzichten musste. Das Gänseschlachten am Martini-Tag, ein Brauch, der völlig unabhängig von der ursprünglichen Heiligenvita und der ursprünglichen Heiligenlegende war, führte daher zur Bildung einer neuen Legende – und die geht so:

Im Jahr 371 oder 372 sei der Bischofsstuhl von Tours frei geworden, eine Vakanz, die nach allgemeiner Überzeugung einzig durch den frommen Martin beendet werden konnte. Dieser habe sich, bescheiden wie er war, in einen Gänsestall zurückgezogen, auf dass ihn niemand finde. Aber das Federvieh begann zu rumoren und der bescheidene Mann wurde entdeckt und konnte so Bischof und später ein großer Heiliger werden. Doch den Gänsen wurde ihr Einsatz überaus seltsam gedankt: Man verspeist sie rund um Martini zu Hunderttausenden und fühlt sich auch noch pudelwohl dabei. In Erasmus Widmanns bekanntem Lied wird gefragt: „Was haben doch die Gäns getan, / dass so viel müssen 's Leben lan?" Antwort: „Sankt Martin han verraten, / darum tut man sie braten". Nun ja.

Genügt womöglich ein Topflappen?

Die Legende von der Martinsgans ist also ziemlich paradox. Die Geschichte vom Mantelteilen ist es nicht. Sie ist eine christliche Ur-Geschichte, der Mantel ist der Erinnerungsort für die christliche Nächstenliebe schlechthin. Sankt Martin hat den Mantel geteilt, offenbar halbe-halbe. Wie viel Mantel braucht der Mensch? Einen halben, einen ganzen? Genügt womöglich auch ein Topflappen? Es gibt sehr viele Menschen, die von einem Zipfel des Mantels, von einem Zipfelchen träumen, die für dieses Zipfelchen ihr Leben riskieren. Aber wenn sie versuchen, dieses Zipfelchen zu ergreifen, schlagen wir sie auf die Pfoten, nennen sie Illegale, lassen sie im Mittelmeer absaufen - und wenn das nicht klappt, nehmen wir sie in Abschiebehaft. Sankt Martin hat sein Pferd angehalten, sein Schwert genommen und seinen Mantel mit dem Armen geteilt. Europa hat, um nicht teilen zu müssen, eine schlagkräftige Organisation gegründet, die Frontex heißt. Es handelt sich um die Europäische Agentur für die operative Zusammenarbeit an den Außengrenzen, um eine Grenzschutzorganisation, die dafür sorgen soll, dass möglichst keine Flüchtlinge nach Europa kommen. Wie gesagt: Sie heißt Frontex, sie könnte auch ASMO heißen: Anti-Sankt-Martin-Organisation.

Wenn es ums Teilen geht, um Solidarität, dann könnte ich von Griechenland reden und vom Euro und von der Hilfe, die die Staaten Nord- und Mitteleuropas den Südländern leisten müssen. Aber davon wird viel genug geredet in diesen Tagen. Es wird zu wenig, es wird gar nicht mehr geredet von der verweigerten Solidarität gegenüber Flüchtlingen. Das soll mein erstes Anliegen an diesem Martins-Tag sein.

„Gib frei, die Du bedrückst, reiß jedes Joch weg! Bring den Hungrigen Dein Brot, und die im Elend sind, führ in Dein Haus!" So steht es beim Propheten Jesaja.

Wer sind die Bedrückten, wer sind die Hungrigen? Die Bedrücktesten und die Hungrigsten sind wohl die, die an den Küsten Europas angeschwemmt werden. Manchmal werden lebende, manchmal tote Flüchtlinge an die Küsten Europas geschwemmt. Die meisten Flüchtlinge gehen einfach unter, sie werden vom Meer verschluckt. Wenn das absaufende Schiff besonders groß ist, gibt es neue Fotos aus Lampedusa. Die Insel Lampedusa ist für die Flüchtlinge eine Rettungsinsel im Mittelmeer. Viele erreichen die Insel aber nicht; und denjenigen, die sie erreichen, hilft das nichts. Man schickt sie wieder weg. Man verfrachtet die meisten Flüchtlinge umgehend dorthin, wo sie herkommen. Das Mittelmeer ist ein Massengrab: Seit Jahresbeginn sind dort wieder tausend Tote gezählt worden. Sie waren Bootsflüchtlinge auf dem Weg nach Europa; sie sind verdurstet auf dem Wasser, sie sind ertrunken auf hoher See oder vor Lampedusa, sie sind erfroren in der Kälte der europäischen Flüchtlingspolitik. Die gezählten und die ungezählten Toten sind auch an ihrer Hoffnung gestorben. Diese Hoffnung bestand darin, die

Not hinter sich zu lassen und in Europa Freiheit und ein besseres Leben zu finden.

Staaten haben Botschafter mit Schlips und Kragen. Die Menschenrechte haben auch Botschafter, nur kommen sie meist nicht so elegant daher – es sind die Flüchtlinge und Asylbewerber. Sie sind die Botschafter des Hungers, der Verfolgung, des Leids. Die Allgemeine Erklärung der Menschenrechte ist ihre Depesche. Indes: Europa mag diese Botschafter nicht empfangen, Europa mag sie nicht aufnehmen. Die europäischen Außengrenzen wurden so dicht gemacht, dass es dort auch für die Humanität kein Durchkommen mehr gibt. Europa schützt die Grenzen, aber nicht die Flüchtlinge. Die toten Flüchtlinge im Mittelmeer sind Opfer unterlassener Hilfeleistung. Der nasse Flüchtlingstod ist unheimliche Routine geworden. Er wird behandelt wie ein Schicksal, das man nicht ändern kann. Europa nimmt den Tod in dem Meer, das die Römer Mare Nostrum nannten, fatalistisch hin, weil man fürchtet, dass Hilfe mehr Flüchtlinge locken könnte. Hilfe gilt als Fluchtanreiz. Deshalb laufen keine Hilfsschiffe der Marine aus, um Flüchtlinge zu retten; deshalb gibt es keine europäischen Hilfs- und Aufnahmeprogramme. Der Tod der Flüchtlinge ist Teil einer Abschreckungsstrategie.

Es ist eine große Leistung, nach Europa zu fliehen

Die Politiker in der Europäischen Union – das passt nicht so recht zum schönen Schein des Friedensnobelpreises – spielen den Pontius Pilatus und waschen die Hände in Unschuld. Was soll man machen? Sollen die Leute halt nicht in die klapprigen Boote steigen! Sollen sie bleiben wo sie sind! Sollen sie sich eben nicht in Gefahr begeben! Wer sich aufs Meer begibt, der kommt drin um! Was soll man machen? Die EU-Politik macht Sicherheitspolitik und betrachtet das Meer als Verbündeten. Das Meer ist das „Ex" der Grenzschutzagentur Frontex. Die EU sichert die Grenzen mit einem Netz von Radaranlagen und Satelliten, mit Hubschraubern und Schiffen, die die Flüchtlingsboote abdrängen. Diese Politik gilt als erfolgreich, wenn keine oder möglichst wenige Flüchtlinge Europa erreichen. Frontex ist nicht zuständig für Flüchtlingshilfsaktionen, sondern nur für Flüchtlingsabwehraktionen. Mit welchen Mitteln diese Abwehr funktioniert, fragt kaum einer, allenfalls einmal ein Flüchtlings-Gottesdienst, der dann den Psalm 69 zitiert: „Lass die Tiefe mich nicht verschlingen." Die Europäische Union schützt sich vor Flüchtlingen wie vor Terroristen und behandelt sie so.

Wer Lampedusa erreicht, wird nicht aufgenommen nach dem Prinzip „Leistung muss sich lohnen", sondern rücktransportiert nach dem Motto „Wir können uns Euch nicht leisten". Es ist eine große Leistung, nach Europa, gar nach Deutschland zu fliehen – weil das eigentlich gar nicht mehr geht, weil davor eine Vielzahl größter Hindernisse steht: Visasperren, scharfe Grenzkontrollen, strengste gesetzliche Abweisungsmechanismen. Wer es trotzdem schafft, hat seine gesetzlich angeordnete Illegalisierung faktisch durchbrochen und eine Belohnung verdient: seine Legalisierung.

Wie gesagt, so fordert es der Prophet Jesaja: „Gib frei, die Du bedrückst, reiß jedes Joch weg! Bring den Hungrigen Dein Brot, und die im Elend sind, führ in Dein Haus!"

Zwanzig Jahre lang ist alles teurer geworden in Deutschland. Nur die Leistungen, die Flüchtlingen in Deutschland gewährt wurden, wurden immer billiger. Es ist vielleicht ein wenig übertrieben, wenn man sagt: die Flüchtlinge sollten ausgehungert werden; aber abgeschreckt werden sollten sie – indem man sie nicht mit dem Nötigsten, sondern nur mit der Hälfte davon ausstattete. Das ansonsten in Deutschland für Jedefrau und Jedermann geltende Existenzminium wurde von Politik und Gesetz für die Flüchtlinge halbiert. Das Bundesverfassungsgericht hat vor ein paar Monaten mit einem Urteil zum Asylbewerberleistungsgesetz eingegriffen – in einem spektakulären, aber eigentlich selbstverständlichen Urteil: Es hat aus Flüchtlingen wieder gan-

ze Menschen gemacht, es hat geurteilt, dass das Existenzminimum für Flüchtlinge nicht noch einmal minimiert werden darf.

Reichtum drinnen, Not draußen

Das ist in Ordnung, reicht aber nicht, um aus einer miserablen
Flüchtlingspolitik eine gute Flüchtlingspolitik zu machen. Der
Flüchtling in Deutschland wird behandelt, als handele es sich um
eine Mischung aus Mündel und Straftäter. Er darf nicht arbeiten, er muss sich an Umzugs- und Reiseverbote halten. Er wird
kontrolliert und drangsaliert; ihm wird vorgehalten, dass er dem
Staat auf der Tasche liegt, aber man verbietet ihm zugleich alles, was es ihm ermöglichen könnte, auf eigenen Beinen zu stehen. Man verweigert ihnen das normale Leben, weil es möglichst unnormal sein soll, um Flüchtlinge davon abzuhalten, nach
Deutschland zu kommen. Als ob einer, der vor Verfolgung und
Not flieht, sich davon bestimmen ließe. Auch Kinder werden so
unwürdig gehalten; sie wachsen als Kinder von Flüchtlingen in
Deutschland auf – und sollen hier möglichst nicht heimisch werden. Das ist erstens eines Rechts- und Sozialstaates nicht würdig.
Und das ist zweitens dumm. Man zerstört so nicht nur Lebens-
chancen für junge Menschen, sondern auch Chancen für diese
Gesellschaft.

In ein paar Wochen wickeln wir Krippe und Krippenfiguren
aus dem Zeitungspapier des Vorjahres. Wir bauen den Stall auf
und stellen Maria und Josef, das Jesuskind, die Hirten, Ochs und
Esel auf. Das ist schön idyllisch. Heute wäre der Stall zu Bethle-
hem ein Flüchtlingskahn auf dem Mittelmeer – und die Könige
kämen in Rettungsbooten. Vielleicht stünde die Krippe auch in
einem Flüchtlings-Aufnahmezentrum in Griechenland, hinter
dem Stacheldraht an der EU-Außengrenze.

18 Millionen Afrikaner sind seit Jahren auf der Flucht, von
Land zu Land, nach Süden, nach Südafrika, oder nach Norden,
nach Europa. Sie fliehen nicht nur vor Militär und Polizei, nicht
nur vor Bürgerkrieg und Folter. Vielen Millionen drohen abso-

lute Armut und Hunger; und es lockt die Sehnsucht nach einem Leben, das wenigstens ein wenig besser ist. Die Flüchtlinge gelten als Feinde des Wohlstands: man fürchtet sie nicht wegen ihrer Waffen, sie haben keine; man fürchtet sie wegen ihres Triebes, sie wollen nicht krepieren, sie wollen überleben – sie werden also behandelt wie Triebtäter, und sie werden betrachtet wie Einbrecher, weil sie einbrechen wollen in das Paradies Europa; und man fürchtet sie wegen ihrer Zahl und sieht in ihnen so eine Art kriminelle Vereinigung.

Die allerwenigsten Flüchtlinge erreichen Europa. Dort wird von einem Flüchtlingsstrom geredet. Aber das ist lächerlich. Es handelt sich nur um ein dünnes Rinnsal. Die allermeisten Flüchtlinge bleiben in Afrika, in den Nachbarstaaten ihres Heimatstaates. Wenige Prozent kommen bisher nach Europa. Der am besten funktionierende Teil der EU-Flüchtlingspolitik ist nämlich die Rückführungspolitik. Wenn mit neuen Regierungen in Nordafrika wieder die alten Abkommen geschlossen werden können, beglückwünschen sich die Außen- und Innenminister der Friedensnobelpreisträger-Union. Rückführungsabkommen sind Abkommen nach dem Motto „aus den Augen, aus dem Sinn". Man zahlt viel Geld dafür, dass das Asyl dort hinkommt, wo der Flüchtling herkommt und kümmert sich nicht darum, was mit den wieder abgeschobenen Flüchtlingen passiert. Die europäische Demokratie ist eine große exklusive Veranstaltung, die den Reichtum drinnen und die Not draußen behalten möchte.

„Bring den Hungrigen Dein Brot, und die im Elend sind, führ in Dein Haus!"

Die Bibel ist ein Flüchtlingsbuch, die Aufnahme von Flüchtlingen ist in biblischen Erfahrungen tief verwurzelt. Eine der ältesten Rechtsnormen, das alttestamentliche Fremdenrecht, ist vergessen. Der Menschenrechtskommissar des Europarates erhebt daher Anklage: Er gibt den europäischen Regierungen eine

Mitschuld am Tod von Bootsflüchtlingen: Wenn die Abwehr von Menschen Vorrang habe vor der Rettung von Menschen – dann laufe etwas dramatisch falsch.

Eine Mauer, um die Zukunft zu verhindern

In der Tat: Das Papier der Genfer Flüchtlingskonvention, unlängst 60 Jahre alt geworden, wird brüchig. Und das Versprechen der Europäischen Union, sie sei ein Raum der Freiheit, der Sicherheit und des Rechts gilt nur für europäische Menschen. Und das Asyl in Europa ist eine Fata Morgana geworden: schön, aber unerreichbar. Schutz gibt es dann nicht mehr in Deutschland, Italien oder sonst wo in der EU, sondern allenfalls weit weg von der Kontrolle durch Justiz und Öffentlichkeit. Und wenn der Schutz dann kein Schutz ist, sondern Auslieferung an das Land, aus dem der Flüchtling geflohen ist – dann kräht kein Hahn danach. Aus den Augen, aus dem Sinn. Aus den alten Kolonialländern werden nun also neue, sie werden eingespannt zur Flüchtlings-Entsorgung. Entsorgung ist teuer, das ist aus dem Umweltschutz bekannt. Dementsprechend wird den einschlägigen Ländern finanzielle und sonstige Hilfe angeboten. Die Europäer finanzieren, die anderen parieren. Die Staaten Nordafrikas erhalten Nachtsichtgeräte und Schnellboote, auf dass diese verhindern, dass Flüchtlinge überhaupt nach Europa kommen. Wäre das die Politik, die ein Sankt Martin machen würde?

Man spricht von „illegaler Einwanderung". Wann ist ein Mensch illegal? Ist es illegal, wenn er sich zu retten versucht? Ist Sankt Martin am Bettler vorbeigeritten und hat in der nächsten Kaserne gemeldet: Da hinten im Wald ist ein Illegaler? Gewiss – da war ja damals auch nur ein einziger Armer. Heute gibt es so viele Flüchtlinge. Aber wir sind ja auch nicht ein einzelner Reiter, so wie Sankt Martin einer war. Wir sind Millionen, die helfen können, fünfundert Millionen in der Europäischen Union.

Eine Politik, die das, was sie „illegale Einwanderung" nennt, zu verhindern versucht, kann ohnehin nur dann erfolgreich sein, wenn sie auch ein gewisses Maß an legaler Einwanderung akzeptiert. Wenn überhaupt keine Einwanderung zugelassen, wenn gar niemand aufgenommen wird, wenn es auch keine nachhaltigen Versuche gibt, die Verhältnisse in den Fluchtländern zu verbessern – dann wird die Politik allein von den Menschenschmugglern gemacht. Über deren Menschenverachtung kann man dann lamentieren; sie kann gedeihen, weil es in der EU-Politik keine Achtung für die Flüchtlinge gibt.

Es gäbe schon ein Mittel, um die Verhältnisse in den Herkunftsländern zu verbessern: Gerechten Handel. Solange europäische Butter in Marokko billiger ist als die einheimische, solange französisches Geflügel in Niger weniger kostet als das dortige, solange schwimmende Fischfabriken alles wegfangen, was zappelt – so lange muss man sich über den Exodus aus Afrika nicht wundern. Die EU-Subventionspolitik ist auch eine Politik, die Fluchtursachen schafft. Sie sorgt für die schmutzigen Flecken auf der Weste der Friedensnobelpreisträger-Union. Gegen eine falsche Politik helfen keine neuen Mauern und keine Flüchtlings-Auffanglager an den Küsten. Solche Versuche fördern nur die Illusion, europäische Export-Lebensmittel weiter subventionieren zu können und den europäischen Reichtum nicht teilen zu müssen. Der Kaiser, der in Max Frischs gleichnamigem Stück „Die chinesische Mauer" bauen lässt, tut dies, „um die Zukunft zu verhindern". Dieser Kaiser hat in Europa seine Kommissare.

Europa ohne Humanität ist kein Europa

„Unsere Menschlichkeit entscheidet sich am Schicksal Afrikas", sagte einst Bundespräsident Horst Köhler. Er ist als Präsident zurückgetreten, aber sein Satz gilt. Die Europäische Union muss aufhören damit, an einem neuen Eisernen Vorhang zu bauen. Sie muss Verfolgten wieder Schutz und Zuwanderern eine quotierte Chance geben. Europa ohne Humanität ist kein Europa. Europa ohne den Sankt-Martins-Geist ist kein Raum des Rechts, der Sicherheit und der Freiheit, sondern ein Raum der Gier, der Unsicherheit und der Rücksichtslosigkeit.

„Gib frei, die Du bedrückst, reiß jedes Joch weg! Bring den Hungrigen Dein Brot, und die im Elend sind, führ in Dein Haus!"

Wenn wir von einer europäischen Leitkultur reden wollen – dann gehört dieser Jesaja-Satz unbedingt dazu. Es ist ein Satz, der zu einem Friedensnobelpreisträger passt. Europas Leitkultur: Dazu muss die Kultur des Teilens gehören, weil der Heilige des Teilens, Sankt Martin, zu den Ältesten Heiligen dieses europäischen Kontinentes gehört. Martins Mantel, lateinisch cappa, gehörte seit der Merowingerzeit zum Kronschatz der fränkischen Könige und reiste mit ihrem Hof von Aufenthaltsort zu Aufenthaltsort. Der Name Kapelle leitet sich übrigens ab von der Räumlichkeit, in der die Cappa aufbewahrt wurde, und die Geistlichen, die die Cappa begleiteten, waren die Kapellane. Mir wäre es lieb, wenn die EU-Kommissare nicht Kommissare, sondern Kapellane heißen würden – um deutlich zu machen, was essentiell zu Europa gehört: Die Kultur des Teilens, also soziale Gerechtigkeit.

In römischer Zeit saß die soziale Gerechtigkeit, personifiziert von einem Sankt Martin, hoch zu Ross – und teilte. Sehr viel später, aber auch das ist schon lange her, trug die soziale Gerechtigkeit Strumpfhosen. Sie wohnte im Sherwood Forest in der Nähe von Nottingham und raubte reiche geistliche und weltliche Herren aus, um deren Überfluss unter den Armen zu verteilen. Und mit der Hälfte des Geldes, das Robin Hood den französischen Seeräubern abnahm, baute er ein Armenhaus. Und so ähnlich taten das Karl Moor, der Schinderhannes und der Räuber Kneissl. Es dauerte dann ein paar Jahrhunderte, bis die soziale Gerechtigkeit aus den Wäldern, den unzugänglichen Gebirgen und den Wüsteneien herauskam und sich, unter anderem, ins Grundgesetz schlich.

Keiner weiß genau, wie sie dort hineinkam. Die „Motive", die Bücher also, die über den Entstehungsprozess der Verfassung berichten, wissen davon nicht allzu viel: Der SPD-Parlamentarier Carlo Schmidt hat im Grundsatzausschuss des Parlamentarischen Rates, als es um den Entwurf einer Bestimmung ging, welche die wesentlichen Eigenschaften des Staates zum Ausdruck bringen sollte, die Formulierung „sozialer Bundesstaat" und „soziale Republik" vorgeschlagen. Daraus wurde dann auf Vorschlag von Theodor Heuss die Fassung, die als Artikel 20 Absatz 1 Grundgesetz geworden ist: „Die Bundesrepublik Deutschland ist ein demokratischer und sozialer Bundesstaat". Das Bundesverfassungsgericht hat daraus vor kurzem das Grundrecht jedes Bürgers auf ein menschenwürdiges Existenzminimum destilliert.

Anders formuliert: Dass der Gebrauch des Eigentums zugleich dem Wohl der Allgemeinheit dienen soll, war früher ein räuberisch edles Motto. Heute schmückt es das Grundgesetz. Früher, als sich die soziale Gerechtigkeit noch in den Wäldern verstecken musste, warteten auf sie Sheriff, Polizei und Gefängnis, um sie einzusperren und zu exekutieren. Heute ist das Bundesverfassungsgericht da, um sie zu pflegen und gegen die Kräfte zu stärken, die sie wieder in die Wälder vertreiben wollen, weil sie außerhalb davon ein störender Standort-Nachteil sei. Gelegentlich kann man den Eindruck haben, dass auch die EU zu denjenigen Kräften zählt, die die soziale Gerechtigkeit wieder zurück in die Wälder treiben wollen.

Justitia und St. Martin

Dem Europäischen Gerichtshof in Luxemburg fehlt noch die soziale Sensibilität, die das Bundesverfassungsgericht auszeichnet. Vor einiger Zeit hat der Europäische Gerichtshof es Bund, Ländern und Gemeinden verboten, öffentliche Aufträge daran zu koppeln, dass die beauftragten Firmen den örtlichen Tarifvertrag einhalten. Das Bundesverfassungsgericht in Karlsruhe dagegen hatte im Jahr 2006 das Tariftreuegesetz gebilligt, weil die „Stabilität des Systems der sozialen Sicherheit" ein besonders wichtiges Ziel sei. Diese Erkenntnis, diese Erkenntnis der Wichtigkeit des sozialen Systems, muss beim Europäischen Gerichtshof in Luxemburg erst noch wachsen. Selbst das Streikrecht, das als Grundrecht in den Verfassungen vieler Mitgliedsländer verankert ist, muss derzeit in Luxemburg noch den wirtschaftlichen Grundfreiheiten weichen. Man sieht: Die sozialen Grundrechte haben in höchsten EU-Gerichten noch keinen Hüter. Der EU-Gerichtshof ist immer noch eher der juristische Olymp einer EWG, denn der juristische Olymp einer Union der Bürgerinnen und Bürger. Vielleicht sollte man Justitia, das Symbol der Gerechtigkeit, versuchshalber gegen Sankt Martin austauschen.

Zerstückelte Arbeitsverhältnisse

In den Nachrichten ist viel von Rettungsschirmen die Rede. Mit der Kultur des Teilens haben sie nicht viel zu tun. Über den Menschen spannt die EU keine oder nur ganz kleine Rettungsschirme auf. Dabei bräuchten so viele Menschen in Europa solche Rettung. „Du wirst Dich nähren von Deiner Hände Arbeit; wohl Dir, Du hast es gut." So sagt es Psalm 128 Vers 2. Aber es ist überhaupt nicht mehr selbstverständlich, auch nicht in Europa, dass man sich mit seiner Hände Arbeit nähren kann. Mangelnder tariflicher Schutz, unstete, zerstückelte Arbeitsverhältnisse und Lohndumping haben dazu geführt, dass in bestimmten Regionen und Beschäftigungsfeldern Löhne gezahlt werden, die noch unter dem liegen, was der Staat Langzeitarbeitslosen zur Abdeckung des Lebensunterhalts zugesteht. Und wer gleich gar keine Arbeit findet, wie Massen von Jugendlichen in Europa, der ist nicht nur auf Unterstützung angewiesen – dem geht es nicht gut; er ist arm; arm an Mitteln zum Leben, arm an Zukunft, arm an Hoffnung, arm an Selbstwert; sein Stolz ist gebrochen.

Wenn sich daran nichts ändert, dann können die Rettungsschirme für Banken und Euro noch so groß sein – sie werden
nicht halten. Sie sind zig Milliarden groß. Aber die Größe allein
bringt es nicht. Jeder weiß, was ein guter Schirm braucht, der
bei schwerem Wetter funktionieren soll: Er braucht einen festen
Stock, an dem man ihn gut halten kann, und er braucht Speichen, die ihm Stabilität geben; je mehr solcher Streben er hat,
umso wetterfester ist er.

Der Schirm mit dem fliegenden Robert

Schirme von der ungeheuren Größe, wie ihn die Rettungsschirme geschaffen haben, mögen von der Kanzlerin Angela Merkel
und ein paar sonstigen Regierungschefs mit aller Kraft gerade
noch aufgespannt werden können; wenn sie den Schirm dann allein festhalten wollen, wird es ihnen ergehen wie dem fliegenden
Robert im Struwwelpeter: Er rennt mit dem Schirm ins Ungewit-
ter hinein und schon passiert es: „Seht! Den Schirm erfasst der
Wind, und der Robert fliegt geschwind, durch die Luft so hoch, so
weit; niemand hört ihn, wenn er schreit." Dann fliegt der Schirm
mitsamt dem Robert durch die Wolken, und die Geschichte endet mit dem bitteren Satz: „Wo der Wind sie hingetragen, ja das
weiß kein Mensch zu sagen."

Den Regierungen der EU und der EU-Kommission in Brüssel
wird es so ergehen, wenn sie glauben, sie könnten den Schirm
allein halten. Sie brauchen dazu die Gesellschaften ihrer Länder, und sie brauchen das Vertrauen ihrer Bürger, weil erst dieses Vertrauen dem Schirm die Speichen einzieht. Die Europäische Union braucht das Vertrauen ihrer Bürger, und dieses
Vertrauen tropft nicht einfach von den Rettungsschirmen herunter. Ohne dieses Vertrauen bleibt ein Schutzschirm instabil; er
flattert, reißt alles mit oder geht kaputt. Wie sehr das Vertrau-
en geschädigt ist, kann man in jeder Diskussion zu fast jedem
Thema hören: Ob es um die verschimmelten Wände im Klo des
Kindergartens geht oder darum, dass Lehrer fehlen und Unter-

richtsstunden ausfallen – immer und überall gab es wilden Beifall, wenn einer dann nur „500 Milliarden" sagt: „500 Milliarden für Banken, aber nur ein paar Knöpfe Sozialgeld pro Monat für Kinder von Langzeitarbeitslosen." Solcher Beifall ist Ausdruck eines Unbehagens, das seine Berechtigung hat.

Europa braucht das Vertrauen seiner Bürger

Vor 40, 50 Jahren stand Europa für eine grenzenlose Zukunft; es darf nicht sein, dass Europa heute für grenzenlose Unsicherheit steht. Viele Bürger haben das beklemmende Gefühl, dass die EU zwar für die klassische äußere und innere Sicherheit steht, dass sie für Handel und Wandel von Vorteil ist, dass jedoch die sozialen Belange bei ihr nicht gut aufgehoben sind. Ja es besteht die Furcht, dass im grenzüberschreitenden freien Wettbewerb, den die EU propagiert, das Soziale immer mehr unter die Räder gerät, weil das unterschiedliche Sozialniveau in den einzelnen Mitgliedsstaaten bei offenen Grenzen erstens zum Sozialdumping einlädt und zweitens zur Nivellierung der nationalen sozialen Absicherung nach unten führt. Wenn es dieses Gefühl gibt, und es gibt dieses Gefühl, dann reicht es nicht, von den Bürgern Dankbarkeit zu verlangen dafür, dass es die Europäische Union gibt. Europa braucht nicht nur Verträge, es braucht auch das Vertrauen seiner Bürger.

Der Sozialstaat ist Heimat – und er muss es bleiben. Beschimpfen kann ihn nur der, der keine Heimat braucht. Und den Abriss wird nur der verlangen, der in einer eigenen Villa wohnt. Es ist sehr fraglich, ob er sich dort noch sehr lange wohl fühlen würde, wenn die Heimat der anderen abgerissen wird. Heimat, was ist Heimat in einer globalisierten Welt – was ist Heimat in einer Zeit der Fluchtbewegungen und Verunsicherung?

Im Sommer habe ich mir einige sogenannte interkulturelle Gärten angeschaut. In diesen interkulturellen Gärten, über hundert gibt es mittlerweile in Deutschland, pflanzen bosnische Flüchtlingsfrauen, Asylbewerber aus dem Iran oder aus

Aserbeidschan, türkische und deutsche Frauen, Männer und Kinder Gemüse an. Der frühere Ingenieur aus Korea gräbt, hackt und jätet neben der Palästinenserin. Im interkulturellen Garten sind sie nicht mittellose Flüchtlinge, nicht mehr Ausländer in der Fremde, sondern gleichberechtigte Gärtner – und sie sprechen das Wort Garten aus, als sei es ein Schatz. In diesen Gärten wächst Beet an Beet das Verständnis füreinander, hier lernt jeder, ob und wie unter den neuen Verhältnissen das Altbekannte wurzelt oder nicht.

Kälte ist keine Heimat

Es geht also, auf ganz besondere Weise, um Integration. In jedem dieser interkulturellen Gärten ist man sozusagen in einem Garten der vereinten Nationen. In jedem dieser Gärten sieht man eine kleine Philosophie wachsen und blühen: Ja – eine andere Welt ist pflanzbar. Es sind dies immer ganz kleine Welten. Aber die große Welt besteht aus den kleinen Welten. Diese kleinen Welten sind die Mäntel, die jeder Mensch braucht, auf dass es ihm ein wenig warm ist. Kälte ist keine Heimat. Diese Gärten sind etwas Symbolisches und zugleich etwas Greifbares und Essbares. Sie gehören zu dem, was man Mikropolitik nennt. Auch das Mantelstück vom Heiligen Martin war ziemlich klein. Aber ohne diese angeblich Kleine gibt es nichts Großes.

Wir alle kennen die Formeln, die wir gern zur Tarnung unserer eigenen Bequemlichkeit und zur Verteidigung unseres Trotts benutzen. Wir alle kennen die Sätze, die begründen sollen, warum man selber nichts zutun kann gegen all das, worüber man klagt. Dazu gehört der Satz: „Alleine kann man doch ohnehin nichts bewirken". Oder auch: „Mein Gott, was soll man machen?", die Welt sei halt schlecht, „das war schon immer so, und das wird auch so bleiben". Es sind dies Sätze der Gleichgültigkeit, Sätze der Trägheit, der Apathie, der Resignation, manchmal auch der Feigheit. In uns allen stecken solche Sätze: „Was soll man machen? Da kann man gar nichts machen." Und: „Nach uns die Sintflut". Eine Demokratie kann man aber mit solchen Sätzen nicht bauen, einen guten Rechtsstaat auch nicht. Und die Menschenrechte bleiben, wenn man solchen Sätze nachgibt, papierene Rechte.

Der Mantel der Gleichgültigkeit

In den Flugblättern der Weißen Rose heißt es: „Zerreißt den Mantel der Gleichgültigkeit, den ihr um euer Herz gelegt habt". Und: „Wenn jeder wartet, bis der andere anfängt, wird keiner anfangen!" Diese Worte aus dem Widerstand gegen Hitler sind keine Worte nur für das Museum des Widerstandes. Es reicht nicht, sie auf Gedenkveranstaltungen zu zitieren. Diese Worte haben ihre eigene Bedeutung in jeder Zeit, auch in der gegenwärtigen. Sie gelten in Diktaturen und Demokratien, in Rechtsstaaten und in Unrechtsstaaten. In Diktaturen und Unrechtsstaaten verlangen sie ein ungeheures Maß an Mut. Dort ist der Mut lebensgefährlich. In Rechtsstaaten und Demokratien ist der Mut nicht so teuer, aber billig ist er auch nicht.

„Zerreißt den Mantel der Gleichgültigkeit, den ihr um euer Herz gelegt habt". Und: „Wenn jeder wartet, bis der andere anfängt, wird keiner anfangen!". Jeder und Jede muss für sich nachdenken, was ihm und was ihr das heute sagt und wozu es ihn und sie verpflichtet. Sankt Martins Tat kann man auch so interpretieren, dass er den Mantel der Gleichgültigkeit zerrissen hat. Sankt Martin war Mikropolitiker. Mikropolitiker sind auch die Mitarbeiterinnen und Mitarbeiter der kirchlichen Wohlfahrtsverbände. Sie haben den Mantel der Gleichgültigkeit zerrissen, sie praktizieren den kleinen Widerstand des Alltags – ohne den es keinen Sozialstaat, keinen Rechtsstaat und keine Demokratie gibt.

Widerstand? Widerstand – das war 1944 der Widerstand gegen das verbrecherische Naziregime. Widerstand, das waren auch die Montagsdemonstrationen in der DDR. Staatsrechtler und Rechtsphilosophen mögen diesen Widerstand gegen ein illegitimes Regime als den einzig legitimen, als den großen Widerstand bezeichnen. Das mag in der juristischen Wissenschaft so richtig sein. In der Wirklichkeit ist es anders. Widerstand ist auch in der Demokratie, auch im Rechtsstaat notwendig. Dieser Widerstand heißt nur anders: Er heißt Widerspruch, Zivilcourage, aufrechter Gang, er heißt zum Beispiel „Netzwerk für demokratische Kultur", Diakonie, Flüchtlingskreis.

Das alles ist Widerstand – aber nicht als Ultima Ratio, sondern als Prima Ratio: Solcher Widerstand ist Ratio der Demokratie, ihr Lebensnerv. Widerstand bedeutet heute: Nicht wegsehen, wenn Unrecht geschieht, wachsam bleiben, wachsam handeln, nicht den Konsumisten und nicht den Rechtsextremisten das Feld zu überlassen, es nicht dulden, sich nicht daran gewöhnen, dass Flüchtinge wie Un-Menschen behandelt werden, sich nicht damit abfinden, dass die Natur denaturiert wird. Der Rechtsphilosoph Arthur Kaufmann, mein verstorbener Lehrer, hat einmal davon gesprochen, dass dieser „kleine" Widerstand beständig geleistet werden muss, damit der große Widerstand entbehrlich bleibt". Der kleine Widerstand kann auch anders essen, anders kaufen, anders leben heißen. Deuten wir das Mantel-Teilen des Heiligen Sankt Martin als einen kleinen Akt des Widerstandes.

Teilen ist Stärke

Praktizierte Nächstenliebe ist ein Akt des Widerstandes – zumal dann, wenn er so schneidend, so einschneidend ist wie der symbolische des Sankt Martin. Noch symbolischer wäre es vielleicht, wenn man vom hohen Ross heruntersteigt. Das stünde uns Europäern gut an. Spötter nennen so was Gutmenschentum. Aber mir ist jeder kleine Widerstand, mir ist jeder, der vom Ross heruntersteigt, mir ist jeder, der ein wenig teilt, viel lieber als der, der nur dumm daherredet.

„Die Stärke eines Volkes misst sich am Wohl der Schwachen": So steht das in der Präambel der schweizerischen Verfassung von 1999. Das ist ein mutiger Satz, weil die Stärke eines Volkes, die Stärke eines Staates gern an ganz anderen Faktoren bemessen wird. Die einen messen sie am Bruttosozialprodukt und am Exportüberschuss, die anderen reden dann vom starken Staat, wenn sie mehr Polizei, mehr Strafrecht und mehr Gefängnis fordern. Kaum jemand redet von der „Stärke eines Volkes", wenn es darum geht, menschenwürdige Mindestlöhne durchzusetzen. Kaum jemand fordert den starken Staat, wenn es darum geht, soziale Ungleichheit zu beheben und etwas gegen die Langzeitarbeitslosigkeit zu tun. Kaum jemand sagt „starker Staat", wenn er die Verknüpfung von Sozial- und Bildungspolitik meint oder eine humane Flüchtlingspolitik. Wir müssen Stärke neu definieren – und Sankt Martin kann uns dabei helfen. Teilen ist Stärke.

Kritiker verwechseln soziale Gerechtigkeit oft mit absurder Gleichmacherei. Das Übel, dass manche Leute ein schlechtes Leben führen, besteht aber nicht darin, dass andere Leute ein besseres Leben führen; das Übel liegt vor allem darin, dass schlechte Leben schlecht sind. Und das Gute ist, dass – auch mittels derer, die ein besseres Leben führen – denjenigen geholfen werden kann, deren Leben schlecht ist. Der Mensch braucht zumindest so viel Mantel, dass er Mensch sein kann. Das ist die Botschaft des Sankt Martin, das ist die Mahnung am Sankt Martins-Tag.

Auf der Basis einer Predigt vom 11.11.2012
in der evangelischen Gustav-Adolf-Kirche
zu Recklinghausen

OSTERN

Der Respekt vor den Kindern und der Respekt vor den Alten gehören zusammen; er ist das Band, welches das Leben umspannt. Zu diesem Respekt gehört es, dass Alte auch in Ruhe ver-rückt werden dürfen. Das rückt die Gesellschaft gerade.

Alt. Aus. Amen.

D ie Karwoche ist reich an Bildern, die Jahrhunderte lang Kraft hatten, heute aber blass geworden sind. Da gibt es zum Beispiel dieses Bild: In der Nacht nach seiner Kreuzigung ist Jesus, so die christliche Vorstellung, in die Hölle hinabgestiegen. Auf alten Darstellungen sieht man, wie er dort mit kräftiger Hand den ersten Menschen packt und ihn aus der Unterwelt herauszieht, wie dieser Erste dann mit seiner freien Hand den Zweiten packt und der seinerseits den Nächsten – bis hin zum letzten Insassen. Man sieht eine lange, lange Kette der Befreiung; die Hölle wird leer. Diese Szene heißt im Glaubensbekenntnis „hinabgestiegen in das Reich des Todes". Dieser heiligen Expedition folgt dann die Auferstehung.

Die Hölle von heute heißt Demenz

Man kann das glauben oder nicht; die Botschaft des Bildes jedenfalls ist die: Jesus geht dem menschlichen Leiden auf den Grund, er geht ihm nach bis in den tiefsten Abgrund. Der heutige Papst hat in seinen theologischen Schriften diesen Abgrund, die Hölle, als den Ort verzweifelter Einsamkeit und tiefster Verlassenheit beschrieben – als den Ort, wohin „das Wort Liebe nicht mehr dringt". Christus, so schreibt Joseph Ratzinger also, tritt am Karsamstag ein in diesen „Abgrund unseres Verlassenseins".

Der Abgrund des Verlassenseins: Es gibt einen Ort, an dem er sich auftut, es gibt ihn in fast jeder Stadt; die Menschen heute fürchten ihn; sie fürchten ihn, wie ihre Vorfahren einst die Hölle, das Höllenfeuer und die Höllenqualen gefürchtet haben. Die Hölle heute trägt den Namen Alzheimer, sie heißt Pflegeheim/Demenz-Station. Dorthin würde Jesus heute hinabsteigen, um dem Leid der Menschen auf den Grund zu gehen. Er würde zu den dementen Alten gehen, die ausgelagert sind aus dem Gemeinwesen, weil sie so viel von dem verlernt haben, was man von erwachsenen Menschen erwartet: das Lesen, das Sprechen, das Anziehen und öfters sogar das Essen. Manchmal können sie aber Dinge, von denen keiner bisher gewusst hat, dass sie sie können, nicht einmal sie selbst: Sie können singen, Musik machen, sie können malen. Aber im Lauf der Zeit erlischt auch das. Es bleibt nichts, offenbar nicht einmal Erinnerung. Es bleiben nur das Lachen und das Weinen, es bleiben Verletzlichkeit, Aggression und die Melancholie eines im Wortsinn ver-rückten Seins.

Ein langer Karfreitag

„Mitten im Leben sind wir vom Tod umfangen", so wurde und wird es in der Liturgie gesungen. Heute findet man den Satz in der Fassung von Rainer Maria Rilke oft in Todesanzeigen: „Wenn wir uns mitten im Leben meinen, wagt er zu weinen, mitten in uns". Aber der Tod ist weggerückt aus dem Leben, man begegnet ihm in erster Linie auf dem Bildschirm, mitten in der Wohnung zwar, aber anonym. Dafür rückt einem der Vor-Tod näher: Der Mensch, der einem vertraut war, verschwindet. Entgeistert steht man vor dessen Veränderung, die einem als dessen Entgeistigung erscheint. Und mit dem Geist, so glauben die meisten, verschwindet die Würde. Das ist falsch: Die Würde verschwindet nicht; sie wird einem genommen in einem Gesundheitssystem, das Pflege auf das Allernotdürftigs-te beschränkt. Solche Würdelosigkeit im Leben ist für viele schlimmer als der Tod, sie ist ein langer Karfreitag – gewin-delt, gefüttert, verlacht und verspottet; gekreuzigt, gestorben und begraben.

Wer der Demenz begegnet, begegnet der eigenen Angst; mit ihr bleibt jeder allein in einer Welt, die auf Leistung ge-trimmt ist: der Angst davor, die Kontrolle über sich zu verlie-ren; der Angst davor, umfassend angewiesen zu sein auf ande-re; der Angst davor, nicht mehr zu wissen, wer man selber ist. Gunter Sachs, der Bonvivant und Kosmopolit, hat sich deswe-gen erschossen. Niemandem steht ein Urteil über einen solchen selbstbestimmten Austritt aus dem Leben zu. Es ist eine Ent-scheidung, die zu respektieren ist – um so mehr, als die Gesell-schaft den Respekt vor dementen Menschen vermissen lässt. Nicht selten erinnert die Pflege der Alten weniger an Pflege als an Strafe dafür, dass sie so alt geworden sind.

In die Lebens- und Arbeitswelt der Noch-nicht-Alten passen die Alten nicht. Viele Familien nehmen es gleichwohl auf sich, ihre Alten zu Hause zu pflegen. Diese Pflege in der Familie ver-langt ungeheure Anstrengung; früher hat man Aufopferung dazu gesagt. Eine bezahlbare Haus-Betreuung durch Fach-kräfte gibt es nicht. Eine Kultur, die die Lebenszeit so sehr ver-längert hat, hat noch keine Antwort auf die Fragen gefunden, die damit einhergehen. Sie hat nicht die Kraft, die Menschen in Würde alt und lebenssatt werden zu lassen. Eine Gesellschaft ist aber verrückt, wenn diese Alten in dieser Gesellschaft nicht in Würde ver-rückt werden können.

Was Erlösung heißt

An Ostern ist viel von Erlösung und Auferstehung die Rede. Er-lösung: Bei diesem Wort denken viele heute eher an Freitod und Sterbehilfe als an ewiges Leben. Wer wird durch den Freitod er-löst? Erlöst sich der alte Mensch selbst – oder erlöst sich die Gesellschaft von ihm als Belastung? Gibt sich der alte Mensch zur Entlastung der Gesellschaft gehorsam selbst auf und folgt mit dem Freitod einem unausgesprochenen Verlangen? Im Jahr 2050 werden in Europa mehr als 70 Millionen Menschen über 80 Jahre alt sein. Bei Aldous Huxley, in seiner „Schönen Neuen Welt", wird beschrieben, wie alte Menschen in Kliniken entsorgt werden. Sie werden abgeschaltet wie verrostete Maschinen. Kinder werden in diese Entsorgungskliniken geführt und dort mit Schokolade gefüttert, damit sie sich an den Vorgang des Abschaltens gewöhnen und akzeptieren lernen, dass das Leben technisch produziert und technisch beendet wird. So verändert eine pervertierte Marktökonomie das Leben: Sie betrachtet es als Produkt, das der Herstellung und Entsorgung bedarf. Ist das die Gesellschaft, in der man leben will?

Unsere Zukunft ist das Alter

Es geht um die, die ein Leben lang gerackert haben und es jetzt nicht mehr können. Sie gelten durch ihre bloße Existenz als Infragestellung dessen, was für normal gehalten wird: Leistung, Fitness, Produktivität. Ein System aber, das nicht in der Lage ist, sich um die Alten zu kümmern, ist selber dement. Es braucht die Auferstehung von Nächstenliebe und wärmender Fürsorge; das System muss aus seiner Hölle gezogen werden. Man muss das so sagen, nicht nur weil Ostern ist. Jeder zweite 85-Jährige in Deutschland lebt allein, ist allein. „Ehre Vater und Mutter, auf dass du lange lebst und es dir wohl ergehe auf Erden". So steht es im vierten der zehn Gebote. Das klingt antiquiert, ist es aber nicht. Dies Gebot fordert eine Gesellschaft, in der Alte nicht Angst haben müssen, in die Wüste geschickt zu werden.

„Kinder sind unsere Zukunft" – das hört man in der Politik jeden Tag. Aber das ist nur die halbe Wahrheit. Zur ganzen gehört: Auch die Alten sind „unsere Zukunft", denn die Zukunft ist das Alter. Der Respekt vor den Kindern und der Respekt vor den Alten gehören zusammen; er ist das Band, welches das Leben umspannt. Zu diesem Respekt gehört es, dass Alte auch in Ruhe ver-rückt werden dürfen. Das rückt die Gesellschaft gerade. Dann ist Ostern.

Erschienen am 7.4.2012

*Die „Pflege" der ganz Alten verdient
leider oft diesen Namen nicht.
Bisweilen gleicht sie einer organisierten
Entwürdigung.*

Alpha
und Omega

E s war in der Zeit, in der die Zahnärzte noch Dentisten hießen und sich noch nicht jeder Deutsche die dritten Zähne leisten konnte: Wenn meine Tanten damals der Großmutter ihre neugeborenen Enkelkinder präsentierten, dachte die alte Frau anschließend über eine anthropo-biologische Frage nach: Wie es denn komme, so sinnierte sie, dass man gemeinhin die kleinen Kinder ohne Zähne als possierlich, die zahnlosen Alten aber als hässlich betrachte? Die Zahnlosigkeit der Alten akzeptierte sie unter Bezugnahme auf das Bibelwort wenn ihr nicht werdet wie die Kinder, könnt ihr nicht ins Himmelreich eingehen als eschatologische Notwendigkeit; und so war, theologisch höchst fragwürdig, aber für meine Großmutter sehr befriedigend, der körperliche Verfall erklärt und eingebettet in die Volksfrömmigkeit.

Großmutter ist, nach einem Leben in der Großfamilie, 1962 gestorben. Sie war 77. Seitdem sind bekanntlich immer mehr Menschen immer älter geworden. Die Rückentwicklung alter Menschen zum Säugling (meist ohne dessen Zufriedenheit) hat es immer gegeben, aber nie in dieser Zahl und für so lange Jahre. Das gilt der Gesellschaft offenbar als eine natürliche Schuld, die Sanktionen nach sich ziehen muss, welche in Alten- und Pflegeheimen vollzogen werden. Die Einbettung und Erklärung der bisweilen grausigen Zustände, die in viel zu vielen dieser Alten- und Pflegeheime herrschen, gelingt nur einem solchen Zynismus, einem Zynismus, der das Fesseln an Bett und Stuhl, Fixierung genannt, als Bestrafung der Alten dafür betrachtet, dass sie so lange leben; aus dieser zynischen Sicht wird das Windeln der alten Menschen, auch wenn sie noch selbst zur Toilette gehen könnten, zu einem Akt der Generalprävention, das Hungern- und das Dursten lassen wird zu einem Akt der Spezialprävention; und das Foto von der alten Frau, die nackt auf einem Toilettenstuhl sitzt, das Essen vor sich auf dem hochgeklappten Tischchen, wird zu einem Werbeplakat für die Sterbehilfe.

Selten so gescheitert

Die organisierte Entwürdigung der Alten ist nicht die Regel, aber auch nicht die Ausnahme. Der neue Bericht des Medizinischen Dienstes der Spitzenverbände der Krankenkassen (MDS) über die Situation in der Pflege spiegelt den Umgang der Gesellschaft mit den ganz alten und den dementen Menschen, er ist beschämend; verglichen mit früheren Berichten hat sich nicht viel zum Besseren geändert. Zwei von drei Altenpflegern würden es ablehnen, in dem Heim zu leben, in dem sie arbeiten. Vorbildliche Heime gibt es viel zu wenige, und die Suche nach ihnen gleicht einem Lottospiel. Es gibt keine offiziellen Kriterien für die Qualität von Heimen, es gibt keine gesetzliche Pflicht für die Träger, Qualitätsberichte und Bilanzen zu veröffentlichen.

Was wäre eigentlich los, wenn kleine Kinder per Nasensonde ernährt würden, weil das Füttern zu lang dauert? Was wäre, wenn kleine Kinder in der Krippe regelmäßig gefesselt würden? Was wäre los, wenn sich ein so gefesseltes Kind zu Tode strangulierte, weil das Betreuungspersonal die Gurte falsch angelegt hat? Der Hort würde umgehend geschlossen, das Personal angeklagt. Wenn hingegen Alte so malträtiert werden, herrscht Nachsicht, weil, wie es gern heißt, dieses Leben ja kein Leben mehr gewesen sei. Auf diese Weise wird der Artikel 1 des Grundgesetzes, der die Würde des Menschen für unantastbar erklärt, insgeheim mit einem Zusatz versehen: ... es sei denn, er ist altersdement oder hat Parkinson. Die Rechtsmedizinerin Andrea Berzlanovich hat unlängst nachgewiesen, dass alte Menschen durch mechanische Fixierungen, durch Gurte und Bettgitter, qualvoll zu Tode kommen. Von 33 untersuchten Pflegepatienten, deren Todesursache zunächst unklar war, kamen 28 durch die Fixierung ums Leben.

Noch leben zwei Drittel der Pflegebedürftigen zu Hause. Ohne die Familien, die sich kümmern, wäre die Pflegeversicherung bankrott. Wer die Pflege in der Familie nicht selber erlebt hat, hat wenig Ahnung davon, was dieses Kümmern bedeutet; früher hat man Aufopferung gesagt. Eine bezahlbare Haus-Betreuung durch Fachkräfte gibt es nicht, sie würde zehntausend Euro im Monat kosten: Für eine 24 Stunden-Rundum-Betreuung bräuchte man offiziell drei examinierte Pflegerinnen, die 45,50 Euro die Stunde kosten. Die Pflegeversicherung deckt nur einen Bruchteil der Kosten, für die höchste Pflegestufe zahlt sie 1432 Euro. Selbst Ärzte empfehlen daher die Schwarz- und die Grauarbeit-Pflegerinnen aus Rumänien oder Polen: Hunderttausend sollen es schon sein, wahrscheinlich sind es erheblich mehr. Als Haushaltshilfen dürfen die Frauen aus Osteuropa offiziell bei Pflegebedürftigen arbeiten, und zwar 38,5 Stunden in der Woche. Sie sind dann krankenversichert, dürfen aber offiziell nur putzen, waschen und kochen, aber nicht pflegen.

Das Unglück als amtliche Bekanntmachung

Im Jahr 2050 werden in Deutschland fast vier Millionen Menschen pflegebedürftig sein. Wie soll dann funktionieren, was schon heute, bei knapp halb so hohen Zahlen, nicht funktioniert? Wie werden die Altenheime ausschauen? Alte werden heute dort oft in die Betten gepflegt, weil eine hohe Pflegestufe einem Heim mehr Geld einbringt. Das geltende Pflegestufen-System belohnt die Heime nicht für Prophylaxe und Therapie, sondern für Wundliege-Geschwüre mit mehr Geld; und es bestraft die Verbesserung der Gesundheit mit Rückstufung.

Vor gut 15 Jahren trat das sogenannte Betreuungsrecht in Kraft. Es war das richtige Signal zur richtigen Zeit, es war ein Gesetz für die Menschen, die keine lautstarke Lobby haben: Es schaffte die Entmündigung ab, die eine juristische Entsorgung alter und schwacher Menschen gewesen war. Die Entmündigung hatte Menschen, die ein Leben in Pflichterfüllung gelebt hatten, aus dem Rechtsverkehr gezogen; nicht einmal mehr über Taschengeld durften sie verfügen, denn das Gesetz machte selbst den Kauf von Kaffee und Kuchen unwirksam. Und das Unglück solcher Menschen wurde als amtliche Bekanntmachung in der Zeitung inseriert. Das neue Recht vom 1. Januar 1992 wollte solche rechtliche Geringschätzung beenden, es gab den Richtern auf, in jedem Einzelfall für die spezifische Erkrankung eine individuelle Betreuungslösung zu finden. Es sollte ein Leuchtturm-Gesetz sein, den Weg nicht zum Vor-Friedhof, sondern zu einem würdigen Leben im Alter weisen.

Der Geist des Gesetzes siecht dahin

Selten ist ein Gesetz so hymnisch gelobt worden und selten ist ein Gesetz so grandios gescheitert. Es war und ist zu justizzentriert; es stellte und stellt die rechtliche über die persönliche Betreuung; es krankt daran, dass es alte, verwirrte und psychisch kranke Menschen mit Paragraphen streicheln will. Und vor allem: Das Gesetz war und ist der Politik zu teuer; daher ist es kaputtgespart worden. Es fordert zwar professionelle Betreuung; die Betreuungsvereine, die diese Betreuung unter anderem leisten sollen, werden aber nur unzureichend alimentiert. So hat sich der Geist des Gesetzes nicht entfalten können, sondern siecht selbst dahin.

Alpha ohne Omega: Die Zuwendung, die die Politik neuerdings den Kindern intensiver als bisher zuteilwerden lässt, wird den hilflosen Alten verweigert. Es ist ja richtig, dass Kinder die

Zukunft sind, und dass die Investition in ihre Betreuung auch eine Investition in gesellschaftliche und ökonomische Leistungsfähigkeit darstellt. Es ist aber auch richtig, dass der mangelnde Respekt vor dem, was die Alten als Basis geschaffen haben, dass die Missachtung des Anspruchs der Alten, würdevoll ihre letzten Lebensjahre zu verbringen, die Solidarität der Gesellschaft bröckeln lässt.

Es geht das Grundvertrauen verloren, gesellschaftliche Hilfe dann zu bekommen, wenn man ihrer bedarf. Dieses Grundvertrauen verschwindet auch bei denen, die ihren Lebtag lang selbst zum Gelingen des Ganzen beigetragen haben. Es macht sich Angst breit, Lebensangst, und die ist kein guter Boden für eine gedeihliche Zukunft.

Erschienen am 3.9.2007

Export ist ein deutsches Denk-, Handels- und Lösungsprinzip. So kommt es wohl, dass nun auch pflegebedürftige Menschen exportiert werden sollen.

Der Oma-
Export

Beim Exportieren ist Deutschland große Klasse; es war Ausfuhr-Weltmeister bis 2008 und ist auch seitdem auf Spitzenplätzen. Niemand sonst exportiert so viele Autos, Maschinen und chemische Erzeugnisse in alle Welt. Der Export sorgt für hohen Lebensstandard und nationales Wohlergehen. Weil Deutschland so versiert im Exportieren ist, schafft es sich auch Probleme durch Export vom Hals: Müll wird exportiert. Atommüll, alte Arzneimittel, Batterien und Essensreste landen, legal oder illegal, dort, wo Entsorgung billiger ist; grenzüberschreitende Abfallverbringung nennt man das. Export ist ein Denk-, Handlungs- und Lösungsprinzip.

So kommt es wohl, dass nun auch pflegebedürftige Menschen exportiert werden sollen; man kann das grenzüberschreitende Altenverbringung nennen. Pflegeheime in Thailand, Spanien oder Osteuropa sind billiger als deutsche Pflegeheime. Kranken- und Pflegekassen zeigen sich daher interessiert am Greisen-Export; der Unions-Pflegeexperte Willi Zylajew sieht darin ein alternatives Pflegemodell. Sollen künftig auch Kinder exportiert werden, wenn die Kindergärten hierzulande zu teuer werden? Der gerontologische Kolonialismus klingt wie ein Stück aus dem Tollhaus, ist aber Realität. Sogenannte Träger erwägen, Pflegeverträge mit Heimen im Ausland zu schließen; zum Teil wird das Auslandsheim als Geschäftsmodell schon betrieben. Pflege in

Deutschland ist angeblich zu teuer; immer mehr alte Menschen können sie sich nicht mehr leisten; Staat und Pflegekassen wollen sie nicht mehr leisten. Immer mehr Pflegebedürftige müssen „Hilfe zur Pflege" beantragen. Und die Kinder der Alten fürchten, dass die Sozialkasse dann auf sie zurückgreift, um diese Sozialhilfe wieder einzutreiben. Das ist die Gemengelage, in der die verrückte Idee vom Greisen-Export entstanden ist.

Wenn Rente plus Pflegezuschuss nicht reichen, um die Pflege im Alter zu finanzieren, ist das nicht die Schuld von Alten, die ihr Leben lang gerackert haben. Es ist die Schuld einer unzulänglichen Arbeitsmarkt- und Rentenpolitik. Und es ist die Schuld eines abenteuerlich falschen Pflegekonzepts, das sich nun seit Jahrzehnten auf die Unterbringung in Heimen konzentriert. Die Kritiker sprechen von der „Pflegeindustrie": Vorhang zu, Mund auf, schneller schlucken! Gewiss: Es gibt Zustände, die zum Himmel schreien; manchmal gleicht die Behandlung der Alten einer Strafe, die an ihnen dafür vollstreckt wird, dass sie so lange leben. Aber pauschale Verurteilung wird der Fürsorglichkeit nicht gerecht, die es in Heimen auch gibt. Richtig ist: Die Fixierung der Politik auf das Heimkonzept ist teuer und altenfeindlich. Sie reißt Menschen aus ihrer Umgebung heraus, statt sie dort so lang wie möglich leben zu lassen.

Gerontologischer Kolonialismus

Häusliche Pflege wird nicht belohnt, sondern bestraft: Das Geld der Sozialkassen fließt nur in die teure stationäre Pflege. Pflege zu Hause zahlt die Familie, durch Gehaltseinbußen oder Finanzierung einer Billigkraft aus dem Ausland, die offiziell als Haushaltshilfe firmiert. Das alles zeigt: Ein Land, das zwar die besten Maschinen der Welt bauen kann, ist bisher nicht in der Lage, ein anständiges und kluges Pflegekonzept zu entwickeln. In einer guten Generation wird jeder 15. Deutsche pflegebedürftig sein.

Die Erfinder des Oma- und Opa-Exports sprechen vom „alternativen Pflegemodell". Das ist bösartig. Alternative Pflegemodelle sind etwas anderes: Wohngemeinschaften, Wohn-pflege-Gruppen, Gastfamilien, Betreutes Wohnen. Es geht bei den Alternativen zum Heim um Betreuung und Begleitung im Quartier, also im Stadtviertel, in einer gewohnten und vertrauten Umgebung, in der die Alten nicht separiert werden, sondern mittendrin sind. Weil so oft kleine Alltagshilfen und Prävention fehlen, müssen alte Menschen zu schnell in „Pflegestufe 1" eingruppiert werden; das kostet. Alternativen beginnen schon mit simplen Überlegungen dazu, wie man, solange es geht, den „Pflegefall" vermeiden kann.

Wenn ein Greisen-Export allen Ernstes erwogen und als Geschäftsmodell propagiert wird, hat das auch sein Gutes: Es geht daraufhin, hoffentlich, ein Ruck der Beschämung durchs Land. Die Zwangs-Entsorgung der Alten wäre ein Akt der Verrohung der Gesellschaft. Ein Gemeinwesen, das solches plant, ist kein Gemeinwesen, sondern nur noch gemein. Deutschland schwimmt derzeit in Steuereinnahmen. Mit fünf Milliarden Euro könnten sämtliche Pflegebedürftigen gut gepflegt werden. Ist es populistisch, das zu fordern? Nein, es ist notwendig, weil das Grundvertrauen der Bürger nicht zerstört werden darf – das Vertrauen darin, gesellschaftliche Hilfe dann zu bekommen, wenn man sie ganz dringend braucht.

Erschienen am 2.11.2012

Hilfebedürftigkeit ist keine Störung, die behoben werden muss, sondern gehört zum Mensch-Sein.

Zeitenwende

E
s ist Wundersames, es ist Ungeheuerliches geschehen: In nur einem Jahrhundert haben die Menschen
zwanzig Jahre an Lebenszeit gewonnen. Die Lebens-
zeiten haben sich den Jahreszeiten angenähert. Früher bestand ein Leben aus Frühling, Sommer und Winter, also
aus Kindheit, Arbeit und Sterben. Mit den geschenkten Jahren
ist nun ein langer Herbst dazu gekommen – noch eher öde für
viele, schon golden für manche. Das große und lange Altern ist so
neu, dass die Menschen es noch gründlich lernen müssen.

Wenn sie es gut lernen, wird das die Gesellschaft grundlegend
verändern. Es wird die Gesellschaft menschlicher machen, weil
die älteren Menschen Zeit haben – Zeit für die Dinge, für die die
Jungen keine Zeit haben. Es wird die Gesellschaft klüger machen, weil die älteren Menschen Erfahrung haben – Erfahrungen, die die Jungen noch nicht haben. Der lange Herbst wird die
Gesellschaft sozialer machen, wenn die geschenkten Jahre nicht
nur Freizeit, sondern auch eine soziale Zeit sein werden.

Das Altern als Glücksfall für die Gesellschaft

Das Altern der Gesellschaft wird also, wenn es ihr gelingt, das
Altern zu lernen, ein Glücksfall sein – für die Jungen, aber vor
allem für die sehr Alten. Es wird nämlich, wenn es gut geht, einen neuen Gesellschaftsvertrag geben: Die Menschen in der

dritten Lebenszeit, die die Erziehung ihrer Kinder hinter sich haben, werden sich um die Menschen in der vierten Lebenszeit, also um die ganz Alten, kümmern. Es wird einen neuen kategorischen Imperativ, einen gerontologischen Imperativ geben: Pflege die sehr Alten so, wie Du selbst in zehn, fünfzehn oder zwanzig Jahren gepflegt werden willst! Eine Vision? Ja, aber eine Gesellschaft ohne Vision geht zugrunde.

Bürger, die anderen helfen können, leben länger – das ist eine aufregende empirische Erkenntnis. Die Herbst-Menschen, also die Menschen in der dritten Lebenszeit, können sich für die ihnen geschenkten Jahre dankbar zeigen, indem sie sich um die Winter-Menschen kümmern, um die Menschen in der vierten Lebenszeit. Die nicht ganz Alten werden also, wenn es ganz gut geht, die Wahlverwandten der ganz Alten werden. Es werden im ganzen Land Nachbarschaftsvereine und Wohnpflegegruppen gegründet, in denen sich eine neue Kultur der Hilfe bewährt. Und die Menschen im dritten Lebensalter werden glücklicher sein als heute, weil sie spüren, dass sie gebraucht werden – und auch noch ganz andere Dinge planen können als ihre nächste Kreuzfahrt.

Der neue Gesellschaftsvertrag

Dieser neue Gesellschaftsvertrag funktioniert aber nur, wenn die materielle Existenz der Menschen im dritten Alter gesichert ist. In etlichen Jahren wird es eine hohe Zahl von Herbst-Menschen geben, die nicht ihre nächsten Reisen, sondern das Anstehen an der Tafel organisieren müssen – und die Klein-Jobs annehmen werden, um zu überleben. Wer sich im dritten Lebensalter sein Überleben organisieren muss, hat nicht die Zeit und nicht Muße, sich um den neuen Gesellschaftsvertrag zu kümmern.

Wenn dieser neue Gesellschaftsvertrag funktioniert, könnte das die allgemeine und furchtbare Angst vor dem hohen Alter schwinden lassen – weil man dann weiß, dass man auch als dementer Mensch gut aufgehoben sein wird. John Bayley schreibt in seiner „Elegie für Iris", in der er den Alltag mit seiner dementen Ehefrau beschreibt: „Die Betreuung und Pflege des altersverwirrten Menschen ist wesentlich mehr als eine lästige Pflicht, der wir uns zu unterziehen haben. Sie ist der einzig wirksame Schutz vor der Neuauflage der alten Idee vom ‚lebensunwerten Leben', zumal in einer Welt zunehmender wechselseitiger Distanziertheit unter dem eisigen Dreigestirn von Geld, Technik und rationalem Eigennutz." Die dementen Menschen lehren die (angeblich) gesunden Menschen, dass es um die beiderseitige Befreiung aus sozialer Verwüstung geht.

Frieden schließen mit der Demenz

Früher hatten die Menschen Angst vor dem Sterben; heute haben sie Angst vor dem Altern. In den vergangenen Jahren haben Bedrohungsszenarien und Untergangsprophezeiungen die Debatten über das Altern beherrscht: Der Kampf der Generationen wurde vorhergesagt und die Diktatur der Rentner; die Alzheimerisierung des Landes wurde angekündigt und der Pflegenotstand – eine Zukunft also, in der Hunderttausende von Alten in ihrem Dreck liegen und sich dem Tod entgegenwinden. Zukunft: das Wort bekam Druckgeschwüre. Und geredet wurde über den Umgang mit dem Alter wie über einen neuen Krieg. Dieser Krieg gegen das Massenaltern wurde mit Risperdal und Zopiclon geführt, mit Psychopharmaka und Neuroleptika; auf diese Weise sollte der Feind, das Alter, mit Festschnallgurten fixiert und niedergerungen werden. Das ist Irrwitz, das ist Stalingrad im Pflegeheim. Die Gesellschaft muss ihren Frieden machen mit der Demenz, die eher Schicksal ist denn Krankheit, nämlich eine bestimmte Variante des Lebens im hohen Alter.

Nicht die Demenz ist neu, die hohe Zahl der dementen Menschen ist neu. Früher starben die meisten Menschen lange bevor sie der Demenz nahekamen. Heute erleben ganz viele, was früher nur wenige erlebt haben – zum Beispiel der alte King Lear:

„Ich fürchte fast, ich bin nicht recht bei Sinnen. Mich dünkt, ich kenn' Euch, kenn' auch diesen Mann. Doch zweifl' ich noch, denn ich begreif' es nicht, an welchem Ort ich bin. All mein Verstand entsinnt sich dieser Kleider nicht, noch weiß ich, wo ich die Nacht schlief. Lacht nicht über mich." William Shakespeare lässt das den King Lear sagen, im vierten Akt, siebente Szene. King Lear ist dement.

Menschsein wird nicht am Lineal der Ökonomie gemessen

So viele Menschen sind heute King Lear. Die Beziehung zu ihnen kann ein bitteres und zugleich bereicherndes, ein königliches Erlebnis sein. Klaus Dörner zitiert in seinem schönen Buch über das Altern die Erinnerungen von Eleonore von Rotenhan an ihre demente Mutter: „Als sie nicht mehr sprechen konnte, erreichte unsere Beziehung einen existenziellen Tiefgang wie zuletzt vielleicht in der Kindheit." Diese Erfahrung ist eine Erfühlung. Der demente Mensch ist Mensch, auch wenn er nicht mehr vernünftig ist. Er ist ein Mensch mit Demenz und mit Leib und Seele, Sinnlichkeit, Kreativität und Emotion.

Die Kunst besteht darin, demente Menschen nicht mit Kleinkindern zu vergleichen und wie Kleinkinder zu behandeln, sondern sie weiter als Erwachsene ernst zu nehmen. Das wird nicht nur den Alten gut tun, sondern auch den Kindern. Es wird die Kindheit der Kinder verändern, wenn sie in einer Gesellschaft aufwachsen, die ein anderes Bild vom Menschen entwickelt: das Menschsein wird nicht am Lineal von Ökonomie und Leistungsfähigkeit gemessen. Hilfebedürftigkeit ist dann keine Störung, die behoben werden muss, sondern gehört zum Mensch-Sein. Ein solcher Umgang mit den Zeiten an den Schwellen des Lebens wäre eine Zeitenwende.

Erschienen am 20.10.2012

Es gibt ein Recht zum Leben, aber keine Pflicht; und schon gar nicht gibt es eine Pflicht des Schwerstkranken, noch alle möglichen Eingriffe zu erdulden.

Die Kunst des Sterbens

„Oft denk ich an den Tod, den herben
Und wie am End' ich's ausmach?!
Ganz sanft im Schlafe möcht ich sterben
Und tot sein, wenn ich aufwach!"

Carl Spitzwegs paradoxe Verse beschreiben den schönen, also den sanften und leichten Tod, wie man ihn sich zu allen Zeiten gewünscht hat. Vor zweihundert Jahren hatten die Menschen Angst vor dem Scheintod; sie hatten Angst davor, lebendig begraben zu werden und im Sarg zu ersticken. Um sicherzugehen, wurde die Leiche gekitzelt, mit dem Blasebalg oder mit Riechsalzen traktiert und dann drei Tage in beheizten und bewachten Leichenhäusern aufbewahrt.

Heute haben die Menschen nicht mehr Angst vor dem Scheintod, sondern vor dem Scheinleben. Sie haben Angst davor, mit apparativer Medizin traktiert zu werden und nicht in Würde sterben zu können. Sie haben Angst davor, dass der Fortschritt der medizinischen Technik ihnen am Ende nicht zum Segen, sondern zum Fluch wird – wenn sie sich in einem Zustand befinden, in dem das Herz noch schlägt, der Kreislauf noch funktioniert und die Atmung auch, aber das Großhirn nicht mehr, weil es unwiederbringlich zerstört ist. Die Körperfunktionen dieser Schwerstkranken werden künstlich aufrechterhalten.

Die Angst davor, am Ende des Lebens monatelang in aussichts-
losem Zustand im Leben festgehalten zu werden, lässt immer
mehr Menschen in ihren gesunden Zeiten eine Patientenverfügung schreiben, in der sie für den Fall des Falles verlangen, solche
„Maßnahmen, die nur den Todeseintritt verzögern", zu unterlassen. Die Justiz- und Sozialministerien haben Vordrucke erarbeitet, Anwaltskanzleien und Wohlfahrtsverbände halten Formula-
re bereit; die Gerichte haben in jüngerer Zeit auch immer wieder
dieses Selbstbestimmungsrecht des Patienten betont; der Arzt
muss diesem Willen folgen.

Richter am Sterbebett

Es gibt ein Recht zum Leben, aber keine Pflicht, und schon gar
nicht gibt es eine Pflicht des Schwerstkranken, noch alle möglichen Eingriffe zu erdulden. Das ist unumstritten. Und trotzdem
gibt es in den Kliniken tagtäglich quälende Auseinandersetzun-
gen über das Recht zum Sterben – zwischen Angehörigen, Ärzten
und Juristen. Das Sterbendürfen ist zu einer juristischen Kunst
geworden; am Sterbebett stehen Paragraphen und Gerichtsurtei-
le. Wenn das Gesetz nicht gute Klarheit schafft, wird die Rechts-
anwaltskammer noch den „Fachanwalt für Sterberecht" einfüh-
ren müssen.

Der Bundesgerichtshof hat nämlich in einem komplizierten
Beschluss vom 17. März 2003 die rechtliche Verbindlichkeit von
Patientenverfügungen zwar erst in allgemeinen Worten beteuert
und bekräftigt, aber dann im konkreten Fall eingeschränkt. Die
Richter lassen den Abbruch künstlicher Sondenernährung bei
Wachkoma-Patienten auch bei ausdrücklicher Anordnung in der
Patientenverfügung nicht mehr so ohne weiteres zu.

Der Zustand eines künstlich aufrechterhaltenen Scheinle-
bens kann Monate, sogar Jahre dauern. Der natürliche Sterbe-
vorgang, das synchrone Verlöschen von Körper, Geist und Seele,
wird mittels PEG (perkutane endoskopische Gastrostomie), also
durch künstliche Ernährung durch eine Magensonde verzögert

und verhindert. Etwa hunderttausend solcher Wachkomapatienten liegen in den deutschen Krankenhäusern.

Die Richter verlangen nun vor dem Abbruch dieser Ernährung die „letzte Sicherheit, dass die Krankheit des Betroffenen einen irreversiblen und tödlichen Verlauf" angenommen hat. Nur dann, wenn diese letzte Sicherheit besteht, soll das Selbstbestimmungsrecht des Patienten gelten, so wie es in der Patientenverfügung Ausdruck gefunden hat. Wenn aber diese letzte Sicherheit nicht zu gewinnen ist, muss nun der Vormundschaftsrichter eingeschaltet werden, um den Abbruch weiterer ärztlicher Maßnahmen zu genehmigen. Solange dessen Entscheidung nicht vorliegt, also das gerichtliche Verfahren auf Genehmigung noch anhängig ist, muss nun weiter künstlich ernährt werden – selbst wenn die Patientenverfügung klipp und klar die Weiterbehandlung verboten hat.

Recht auf inneren Frieden

Patienten, Ärzte, Betreuer und Richter haben auf diese Entscheidung extrem verunsichert reagiert. In den juristischen und medizinischen Zeitschriften wird der Richterspruch ratlos und verzweifelt gedreht und gewendet. Vormundschaftsrichter sehen sich ungewollt zum „Schicksalsbeamten" gemacht. Die Vorsitzende Bundesrichterin Meo-Micaela Hahne, deren Senat den Beschluss gefällt hat, berichtet in einem FAZ-Interview von Briefen verzweifelter Angehöriger, „denen es verwehrt wird, den Wunsch des Patienten nach einem menschenwürdigen Ende durchzusetzen". Sie versucht gleichwohl, ihre umstrittene Entscheidung einerseits zu verteidigen, andererseits aber berichtigend zu interpretieren und zu korrigieren. Der Bundesgerichtshof habe den Vormundschaftsrichter nicht zum Herrn über Leben und Tod gemacht, sondern ihn nur in zwei Fällen einschalten wollen: bei Unsicherheit über den Patientenwillen und dann, wenn Ärzte den Patienten gegen seinen Willen künstlich am Leben erhalten – sein Betreuer also eine rechtliche Möglichkeit braucht, dies zu verhindern. Der Versuch der Richterin, ihre Entscheidung wieder einzufangen, ist ebenso außergewöhnlich wie löblich. Aber ein Interview hat keine Rechtskraft.

Es war wohl die Absicht des Gerichts, vermeintlichen Tendenzen in der Bevölkerung hin zur aktiven Sterbehilfe entgegenzutreten. Der Beschluss bewirkt aber das Gegenteil: Wenn bekannt wird, dass der letzte Wille im Ernstfall doch nicht zählt, wenn also erst ein Richter eingeschaltet werden muss und der Arzt im Zweifel für die Apparatemedizin und gegen die Patientenverfügung entscheidet – dann wird der Ruf nach der aktiven Sterbehilfe noch lauter als bisher werden; in Belgien und in den Niederlanden ist die Tötung auf Verlangen unter bestimmten Voraussetzungen schon straffrei gestellt. Es wäre dies der falsche Weg: Der richtige ist der, den die palliative Medizin weist. Sie versucht, den Mantel (lateinisch „pallium") der Betreuung und des Beistandes in der Phase des Sterbens um den Patienten zu legen, bei optimaler Schmerzlinderung. Palliativmedizin kann für ein Sterben ohne Angst und Schmerzen sorgen. Wer einen Angehörigen auf diese Weise hat sterben sehen, wer Zeit hatte, so in Würde von ihm Abschied zu nehmen, der weiß, dass die Medizin das Sterben nicht nur schwerer, sondern auch leichter machen kann. Das Recht hat nicht das Recht, Sterbenden und ihren Angehörigen diesen inneren Frieden zu versagen oder zu erschweren.

Es gilt, die ars moriendi, die Kunst des Sterbens, wieder neu zu lernen. Das Mittelalter hat sie in geistlichen Traktaten gelehrt; man gab dem Schwerstkranken das Sterbebüchlein mit den berühmten elf Kupferstichen in die Hand, als Rüstzeug für die letzten Stunden. Der „gute Tod" war also der, auf den sich der Mensch gut vorbereiten konnte. Das gilt heute genauso. Das Recht und die Medizin müssen die Vorbereitungen, die der Mensch für sein Sterben getroffen hat, achten und beachten.*

Erschienen am 26.7.2003

* Der Bundesgerichtshof hat in einem Grundsatzurteil vom 25.6.2010 das Selbstbestimmungsrecht des Patienten gestärkt: Dessen Einwilligung rechtfertigt sowohl das Unterlassen weiterer lebenserhaltender Maßnahmen als auch die Beendigung einer nicht mehr gewollten Behandlung.

Der Zweifel ist ein guter Partner, er ist das kluge Korrektiv von Glaube und Ideologie. Der Zweifler ist einer, der sich den Glauben nicht leicht macht. In der christlichen Ostergeschichte kommt so einer vor: Er heißt Thomas.

Die Kraft des Zweifels

Alan Greenspan, der 18 Jahre lang der mächtige Chef der mächtigen US-Notenbank war und an der Weltfinanzkrise, vorsichtig gesagt, nicht unschuldig, bekennt sich zum Atheismus. Wer die wirtschaftswissenschaftlichen Lehren des Mannes kennt, weiß, dass das nicht stimmt. Der Mann hat einen Gott, der nur anders heißt; er hat eine Konfession, die nur nicht zu den klassischen Religionen zählt. Der Gott des Notenbankers waren der freie Markt und der schrankenlose Wettbewerb. Seine Kirche war die des Kapitals; sein Credo begann mit dem Glaubensbekenntnis an die Kräfte des Marktes, die alles wunderbar regieren, und es endete mit dem Bekenntnis zum ewigen Wachstum.

Greenspan selber hat bekannt, dass jeder Mensch, um existieren zu können, etwas brauche, man könne es „Ideologie" oder „Glauben" nennen, das ihm dann das Funktionieren der Welt erklärt. Die Frage sei halt, ob dieses jeweilige Welterklärungsprinzip richtig sei oder nicht. Bei einer Befragung durch den Untersuchungsausschuss des US-Kongresses zur Finanzkrise zeigte sich Greenspan schockiert darüber, einen Fehler in seiner Ideologie gefunden zu haben: Der unbedingte, der absolute Glaube an die segensreiche Kraft der Märkte sei falsch gewesen; sein Welterklärungsmodell habe partiell nicht funktioniert.

Es wäre besser gewesen, Greenspan und seinesgleichen hätten früher gezweifelt. Dann hätten sie sich nicht so radikal geweigert, gefährliche neue Finanzinstrumente zu kontrollieren, dann hätten sie nicht mit billigem Geld die Welt geflutet, dann hätten sie nicht an ihrem Glauben festgehalten, als man schon sehen konnte, dass er in die Katastrophe führt. Der Glaube braucht Zweifel, sonst wird er unkritisch, realitätsverzerrend, rechthaberisch, manipulativ und gefährlich.

Das kluge Korrektiv von Glaube und Ideologie

Der Zweifel ist ein guter Partner, er ist das kluge Korrektiv von Glaube und Ideologie. Man weiß das aus der Geschichte von Religionen und Weltanschauungen: Ohne jeden Zweifel wird aus Glaube und Ideologie gefährlicher Fundamentalismus. Zweifel sind Schutzschild gegen den Fanatismus, Heilmittel gegen aggressive Unduldsamkeit; meist kommen sie zu spät. Der Zweifel könnte verhindern, dass aus einem Glauben eine menschenfeindliche Lehre wird, er könnte verhindern, dass eine Ideologie sich die Menschen unterwirft. Der Zweifler und Skeptiker ist also kein Verräter am Glauben; er ist freilich nicht ein Leichtgläubiger, sondern einer, der sich das Glauben nicht leicht macht: er will daher nicht nur bekennen, sondern begreifen.

In der christlichen Ostergeschichte kommt so einer vor. Er heißt Thomas – man nennt ihn üblicherweise den „ungläubigen Thomas", weil er an die Auferstehung des gekreuzigten Jesus zunächst nicht glauben kann. Diesem Thomas geht das, was ihm seine Freunde erzählen, also die anderen Jünger, zu schnell und zu glatt. Thomas sagt, er kann daran nicht glauben, bevor er nicht den Finger in die Wunde legen kann – in die tödliche Wunde des nun angeblich Auferstandenen. Er will also buchstäblich begreifen, er will mit den Händen spüren, dass da derjenige vor ihm steht, den er zuvor hat sterben sehen. Thomas zählt weder zu den Unbedachten, die niemals zweifeln, noch zu den Bedenklichen, die niemals handeln. Er vertraut nicht blindlings den Erzählungen der anderen, er besteht auf Augenschein, auf Autopsie, als Bedingung seines Glaubens. Das wird ihm üblicherweise als Glaubensschwäche ausgelegt. Den vielen Christgläubigen, die von ihrer Kirche nicht zur vermeintlich glaubensstarken, blindgläubigen Elite gezählt werden, wird der zweifelnde Apostel Thomas als Konzession an die eigene Schwäche zur Seite gestellt. Daran wird freilich von den Kirchen die Mahnung an die angeblich Schwachgläubigen geknüpft, doch bitte nicht immer alles begreifen zu wollen.

Dementsprechend wird denn von den christlichen Kirchen auch die biblische Seligpreisung interpretiert, in der es heißt: Selig sind, die (anders als Thomas) nicht sehen und doch glauben. Dieser angebliche Lobpreis derjenigen, die nicht skeptisch sind, nicht zweifeln und nicht immer Zeichen sehen wollen, passt den obersten Glaubens- und Ideologie-Funktionären gut ins Konzept. Warum? Weil sie diejenigen, die fragen, zweifeln und den Finger in die Wunden legen wollen, eigentlich für Störer halten – für Leute also, die Schwierigkeiten machen. Man soll nicht den Finger in die Wunde legen.

Genau darum aber geht es: Der Wert einer Religion und einer Ideologie zeigt sich, wenn sie genau betrachtet werden und der Prüfung standhalten. Sie zeigt sich in den Wunden, die sie tragen. Wenn die Taten und Werke nichts taugen, dann stimmt etwas mit der Lehre nicht, auch wenn sie noch so schön daherkommt. Um den Wert einer Idee, einer Religion, einer Weltanschauung festzustellen, muss man sehen, wie sie sich im Werk verkörpert. Anders formuliert: Der Glaube im Geist bleibt tot, wenn er sich nicht im Werk verkörpert. Die Figur des zweifelnden Thomas lehrt, dass der Auferstehungsglaube nicht aufgelöst werden darf in einem trivialen Optimismus des „Alles wird gut". Nichts wird gut, wenn man nichts dafür tut.

Auch die schönste Idee braucht den Zweifel

Eine Religion, die sich als Friedensbotschaft bezeichnet, deren Gläubige aber zum Hass aufrufen, ist unglaubwürdig. Eine Kirche, die Nächstenliebe predigt, ist überflüssig, wenn man diese Nächstenliebe im Alltag nicht spürt. Eine Ideologie, die allgemeines Wohlergehen verspricht, ist pervers, wenn sie um des Wohlergehens willen über Leichen geht. Die Lehre von den segensreichen Kräften des freien Markts ist falsch, wenn und weil der freie Wettbewerb Menschen und Länder systematisch zugrunde richtet. Und ein Europa, das im Süden des Kontinents gewaltige Arbeitslosigkeit, schreiende Not und Verzweiflung produziert, ist kein gutes Europa.

Wenn Skepsis und Zweifel an einer Idee, Ideologie, Religion nicht mehr zugelassen werden, gebiert das Verzweiflung. Die Verzweiflung, die Finanzkapitalisten produziert haben, ist greifbar. Die Verzweiflung, die die EU jüngst im Süden Europas produziert hat, auch: Hoch verschuldete Staaten haben auf die Rettung der Banken mit der Kürzung von Sozialleistungen reagiert; die schiefe Verteilung des Reichtums in Europa wurde noch schiefer. Wenn Armut, Nationalismen und Feindseligkeiten zwischen den Ländern Europas wieder auferstehen: Dann müssen zumal die, die an Europa glauben, den Finger in die Wunde legen.

Auch die schönste Idee braucht den Zweifel. Und die österliche Nachricht für die europäische Idee ist, dass der Zweifel an der marktradikalen Ökonomie mittlerweile die Gesellschaft durchdringt.

Erschienen am 30.3.2013

PFINGSTEN

Das Pfingstwunder in der Apostelgeschichte berichtet von einem gewaltigen
Sturm, der die alten Gewissheiten,
das vermeintlich Festgefügte und Feststehende hinwegfegt. Im Jahr 2011
gab es so etwas auch in der Politik: Die
CDU/CSU widersagte der Kernenergie.

Pfingsten?
Nein danke!

Pfingsten gilt als Ereignis, an dem neuer Geist in die Menschen fährt und sie lehrt, das Richtige zu sagen. Pfingsten ist, so sagen die Theologen, die Stunde der Offenbarung. Sie reißt die Gläubigen heraus aus den Zusammenhängen, in denen sie bisher gedacht und gelebt haben. Pfingsten ist also die totale Veränderung. Das Pfingstwunder in der Apostelgeschichte berichtet von einem gewaltigen Brausen, von einem Sturm, der die alten Gewissheiten, das vermeintlich Festgefügte und Feststehende hinwegfegt. Und auf einmal, so steht geschrieben, begannen die Apostel in fremden Sprachen zu reden und zu predigen.

Die Kernschmelze der Union

Es ist Pfingsten. Auch in der Politik? Die CDU/CSU redet in einer Sprache, von der sie bisher kein Wort kannte. Sie predigt Lehren, die für sie bisher Irrlehren waren. Es passiert Unerhörtes: Die größte deutsche Partei widersagt der Kernenergie, sie widerruft ihr nukleares Glaubensbekenntnis, sie schwört dem ab, was für sie der Fortschritt war. Was gestern gut war bei den Christdemokraten, gilt jetzt als schlecht, was gestern Zukunft war bei den Christsozialen, ist jetzt Vergangenheit. 55 Jahre, nachdem die Regierung des Nachkriegskanzlers Konrad Adenauer ein Atomministerium geschaffen hat, 55 Jahre nachdem der erste Atomminister, es war Franz Josef Strauß, die Kerntechnik zur „bundesdeutschen Existenzfrage" erklärt hat, wird nun die Beendigung genau dieser Kerntechnik zur Existenzfrage erklärt. Die Union hatte die Kernenergie bis vor kurzem noch inbrünstiger und staatsmächtiger verteidigt als heute den Euro. Nun aber wird Deutschland Zeuge einer politischen Kernschmelze, einer Unionsschmelze: Die alten Parolen werden hastig vergraben, die alten Werte umgekehrt, die bisherige Politik wird zwischengelagert. So etwas hat es in der bundesdeutschen Geschichte noch nie gegeben.

Keine Kanzlerin bekennt es, kein Minister sagt es, aber sie alle wissen es – wollen es aber sogleich wieder vergessen: Wenn das richtig ist, was jetzt getan wird, dann waren Hunderte Wahlkämpfe der CDU und CSU ein kolossaler Irrtum; dann war der nukleare Glaube der Union ein Aberglaube; dann waren und sind die alten Feindbilder Trugbilder; dann haben diejenigen recht behalten, auf die man einst mit Fingern gezeigt und gegen die man die Polizei hat aufmarschieren lassen. Wenn das richtig ist, was jetzt propagiert wird, dann standen nicht Christdemokraten und Christsoziale auf der richtigen Seite, sondern die Anderen, die einst langhaarigen, jetzt bürgerlichen Parka- und Pulloverträger, die Grünen und Ostermarschierer, die Leute vom BUND und von Greenpeace und die angeblich suspekten Gestalten der Demonstrationen von Wyhl, Brokdorf und Gorleben. Das ist für die Union ein Kulturschock und eine Katastrophe.

Ausbruch aus dem Hergebrachten

Die Union hat davon gelebt, dass sie sich als das Gegenüber zur bunten, manchmal chaotischen Anti-Atomkraft-Szene verstand: als eine der strahlenden Zukunft zugewandte Kraft. Die Regierung Merkel hatte noch vor einem guten halben Jahr der Atomindustrie einen riesigen roten Teppich ausgerollt und die

Laufzeitverlängerung für Kernkraftwerke als Großtat gefeiert. Jetzt zeigt sich, dass sie ihre politische Kraft falsch eingesetzt hat. Das ist bitter. Und weil das so bitter ist, versucht Angela Merkel, beim Atomausstieg so schnell zu agieren, dass einem Hören, Sehen und Gedächtnis vergehen. Die Erinnerung an den Triumph des Atomlobbyismus, den Merkel vor kurzem noch ermöglicht hat, soll ausgelöscht werden vom Triumph der regenerativen Energien, den sie jetzt verkündet. „Zukunfts-Strom" – das ist das von ihr neu geschaffene Wort, das vergessen machen soll, was gewesen ist. Das also soll das politische Pfingsten der Union sein: Ausbruch aus dem Hergebrachten.

Das Paradies, Fukushima und die ungeheuren Risiken der Kernenergie

Die Regierung Merkel hatte sich und das Land noch einmal in das nukleare Gefängnis gesperrt, obwohl dessen Gitter von der rot-grünen Vor-Vorgänger-Regierung schon gesprengt worden waren. Es ist dies eine nun viel zu späte Korrektur einer historischen staatlichen Fehlentscheidung: Der Einstieg in die Atomverstromung war ja ursprünglich nicht der Wunsch der Energiekonzerne, im Gegenteil. Die Nutzung der Atomenergie wurde vor einem halben Jahrhundert von der Politik gegen die Energiekonzerne durchgesetzt, die sich damals mit Kohle gut eingerichtet hatten. Die Atomverstromung wurde vom Staat teils mit Druck, teils mit hohen Subventionen erzwungen. Der Energierechtsexperte Peter Becker hat das in seinem wunderbar informativen Buch „Aufstieg und Krise der deutschen Stromkonzerne" akribisch dargelegt.

Der Staat spielte nun fünfzig Jahre lang die Bad Bank für die Energiekonzerne: Er nahm ihnen die Aufgabe der Entsorgung des Atommülls ab, gewährte ihnen Steuervorteile und begrenzte die Haftung der Konzerne für nukleare Unfälle auf Summen, die in Anbetracht der Gefahren lächerlich waren. Das heißt: Die Konzerne strichen die Gewinne ein, der Staat übernahm die Ri-

siken. Das waren paradiesische Zustände für die Stromkonzerne. Aus diesem Paradies wollten und wollen sie sich nicht mehr
vertreiben lassen. Aber: Der Staat hat einst das nuklear-mone-
täre Paradies geöffnet, er kann es auch wieder schließen. Angesichts von Fukushima wurde der Kanzlerin klar, auf welch
ungeheure Risiken sich der Staat und ihre Regierung eingelassen hatten.

Der Atomkonsens, der keiner ist

Ist wirklich Pfingsten in der Politik, auch in der CDU/CSU?
Pfingsten ist ein Fest der gemeinsamen Sprache, Pfingsten ist
ein Kommunikationswunder, ein Ereignis, das die Sprachver-
schiedenheiten aufhebt und so einer gemeinsamen Idee Ausdruck verleiht. Das kann man von der neuen Atomausstiegs-
politik der Regierung Merkel nicht sagen. Nicht einmal die
Koalition findet zu einer gemeinsamen Sprache, geschweige
denn, dass sie diese gemeinsame Sprache mit den jetzigen Op-
positionsparteien fände, die den Ausstieg schon vor neun Jahren gesetzlich formuliert hatten. Und schon gar nicht findet
die Regierung Merkel zu einer gemeinsamen Sprache mit den
Energiekonzernen. Der sogenannte Atomkonsens der Regierung Merkel ist also gar kein Konsens, er findet den Anschluss
nicht an den Atomkonsens der Regierung Schröder. Dieser
Atomkonsens I war einer, auf den auch die Energiekonzerne in
Verhandlungen verpflichtet worden waren. Die Regierung Merkel hat solche Verhandlungen gar nicht geführt, sie hatte sich
ja erst kurz vorher dem Lobbyismusexzess der Atomindustrie
gebeugt. Daher muss sie den Atomausstieg II nun konfrontativ
durchsetzen. Keine gemeinsame Sprache, kein Pfingsten also.

Die Regierung Merkel hat Wind gesät, als sie sich von der
Atomindustrie die Verlängerung der Laufzeit der Kernkraftwerke diktieren ließ. Die schwarz-gelbe Koalition spaltete eine
Gesellschaft, die sich im Ausstieg schon ziemlich einig war; sie
hat damit der Anti-Atombewegung ungeheuren Auftrieb gege-

ben, also Sturm geerntet. Das ist das Brausen, dem Merkel nun nachgeben musste. Zu einem echten Pfingsten fehlt noch viel.

Erschienen am 11.6.2011

Mit dem Heiligen Geist, der „mit Brausen"
kam, können immer weniger Menschen
etwas anfangen. Das Wort vom Brausen
allerdings führt vom Mythos in die Gegen-
wart: Fast jeder weiß, was ein Browser ist.
Man braucht ihn zum Surfen im Internet.

Heiliger Firefox

Weihnachten, Ostern, Pfingsten: Von den drei großen christlichen Festen ist Pfingsten das geist-
reichste. Im Mittelpunkt steht der Heilige Geist,
eine Kraft, die in den Menschen fährt und ihn
verändert. Die Veränderung in biblischer Zeit bestand darin,
dass die Anhänger des Jesus sich fünfzig Tage nach Ostern auf
einmal wieder auf die Straße trauten und dort zu predigen begannen. Pfingsten gilt daher als Geburtstag der Kirche. So viel
zum Kirchlichen.

Mit diesem Heiligen Geist können heute immer weniger Menschen etwas anfangen. Die alte Symbolik ist verbraucht: Da waren, so die Apostelgeschichte, Feuerzungen, die sich unter gewal-
tigem Brausen auf jeden Menschen setzten und ihn erleuchteten.
Das Wort vom Brausen allerdings führt vom christlichen Mythos in die digitale Gegenwart: Es weiß zwar heute kaum einer,
was der Heilige Geist, aber fast jeder, was ein Browser ist: Man
braucht ihn zum Surfen im Internet. Der Browser ist ein Compu-
terprogramm, das einem das World Wide Web aufsperrt.

Urheber, Recht und 21. Jahrhundert

Anders gesagt: Ein Browser macht den Menschen schlauer. Womöglich holt man sich mit seiner Hilfe neues Wissen, vielleicht

auch die Kraft zur Veränderung. Der brausende Geist heißt heute Internet Explorer, Mozilla Firefox, Safari oder Google Chrome; das sind die Namen, die die Softwarehersteller ihren Webbrowsern gegeben haben. Die Bedeutung, die das Internet und der Zugriff auf die dort gespeicherten Schätze hat, erklärt die Heftigkeit des Streits, der darüber geführt wird: Es handelt sich um die Glaubensstreitigkeiten des neuen Zeitalters. Die Sprache ist bezeichnend: Eine Wolke war früher Emanation des Heiligen, heute redet man von der „Cloud", wenn es um das im Irgendwo gespeicherte Datenmaterial geht.

Das Urheberrecht, über dessen Zukunft derzeit fast hysterisch gestritten wird, ist der Katechismus für das Internet, eine Zusammenfassung der Regeln, die bei dessen Nutzung gelten. Sie schaffen die Infrastruktur der Wissensgesellschaft des 21. Jahrhunderts. Es gibt zwei Grund- und Ausgangspositionen: Die einen wollen den freien, möglichst auch kostenfreien Zugriff auf möglichst alles, was sich im Internet befindet – also so wenig Regeln wie möglich. Die anderen wollen, dass möglichst viel möglichst gut geschützt bleibt – also möglichst viele Regeln, auf dass demjenigen, der etwas erdacht, geschrieben, gefilmt, fotografiert oder komponiert hat, ein Recht an seiner Schöpfung auch und erst recht dann verbleibt, wenn es im Internet leicht kopiert werden kann.

Ein Mausklick schafft die perfekte Kopie

Schon das Wort Kopie ist aber nicht mehr zeitgemäß und zeigt Glanz und Elend der neuen Zeiten: Kopien, wie sie das alte Copyright der analogen Epoche kannte, erreichten selten die Qualität des Originals; je öfter kopiert wurde, umso schlechter wurde die Kopie. Das war ein quasi natürlicher Schutz für den Schöpfer des Originals. Der Interessent kaufte sich letztlich doch das vom Berechtigten hergestellte ordentliche Produkt. Diesen Schutz gibt es nicht mehr: In digitalen Zeiten schafft ein Mausklick, immer und immer wieder, die perfekte Kopie, die vom

Original nicht zu unterscheiden ist – er produziert also eigentlich einen Klon; und noch der x-te Klon ist so gut wie das Original. Deshalb ist die Forderung all derer, die von ihres Geistes
Arbeit leben, nach mehr Schutz und Gesetz so inbrünstig und
drängend geworden. Weil aber die Klontechnik so simpel ist
und viele Internetnutzer sehr kreativ damit umgehen, halten
Radikalkritiker die Stärkung des Urheberrechts für einen un-
tauglichen Versuch, die alten Zeiten wieder herbeizubeten und
herbeizustrafen.

**Das Internet – zu komplex, zu schnell, zu originell, um es mit
dem hölzernen Handschuh des Rechts zu packen?**

Das Recht des schöpferischen Geistes, eine der großen Schöp-
fungen der Aufklärung, ist in einer Krise. Seine Gegner behaup-
ten, es sei die finale Existenzkrise: Das Internet sei zu komplex,
zu schnell und zu originell, um mit dem hölzernen Handschuh
des Rechts gepackt zu werden. Es wäre aber wohl das erste Mal
in der Menschheitsgeschichte, dass das Recht vor einer neu-
en Technik kapitulieren müsste. Das ist unwahrscheinlich und
auch nicht wünschenswert; das wäre eine Katastrophe für die
Gesellschaft. Diese träte ein, wenn sich das Recht wirklich als
hölzerner Handschuh erwiese.

Ein Recht, das nicht sensibel sowohl den Interessen der Internetnutzer als auch denen der Urheber gerecht werden könnte, wäre erbärmlich. Um nicht ins Stadium der Erbärmlichkeit
hineinzugeraten, muss das Recht zum Beispiel lernen, dass es
die Internetwelt nicht einfach strikt in Konsumenten (also User)
und Produzenten (also Urheber) trennen kann, sondern viele
Nutzer zugleich konsumtiv und produktiv tätig, sie also „Prosu-
menten" sind – wenn sie aus ein paar Filmen, Bildern, Musiken
etwas Neues schaffen oder eine schon existierende Geschichte
fortschreiben. Das alles ist nicht unlösbar. Es sieht auch fast jeder ein, dass es der Dichter nicht dulden muss, dass sein Doktor
Schiwago auf einmal Held eines Pornofilms ist. Und der Schöp-

fer des rosaroten Panthers muss es sich nicht gefallen lassen, dass Neonazis seine Trickfigur als virtuellen Führer durch ihre Mörderwelt missbrauchen.

Recht war und ist immer ein Interessenausgleich. Das heißt aber nicht, dass bestehende krasse Illegalitäten, die Usus geworden sind (Benutzung der illegalen Tauschbörsen), einfach legalisiert werden sollen. Es gibt kein Recht auf kostenlose Konsumgüter, ganz gleich welcher Art. Es gibt ein Recht auf Zugang zu Informationen, nicht aber zu den Werken, die daraus gemacht werden. Das Urheberrecht als Arbeitsrecht der geistigen Arbeiter muss neu justiert und gesichert werden: nicht nur gegen die Klonierer, sondern auch gegen Großkonzerne und (Wissenschafts-)Verlage, die die Interessen ihrer Partner, also der Urheber, zu wenig beachten.

Vom Poesiealbum zu Facebook

Das Ringen um einen Interessenausgleich in Internetzeiten ist unter anderem wegen des Abmahnwahns in eine hysterische Phase geraten. Bestimmte abzockende Abmahnanwälte haben eine ganze Generation gegen das Urheberrecht aufgebracht. An der Universität Bayreuth, die sich intensiv der Zukunft des Urheberrechts widmet, hat kürzlich ein Anwalt die Facebook-Seite seiner 14-jährigen Nichte vorgeführt: Die Seite hatte einen virtuellen Wert von 15 000 Euro – errechnet aus Gebühren und Schadenersatz, den sie für kopierte Fotos, Texte und Videos, die sie auf ihrer Seite stehen hat, eigentlich zahlen müsste. Was Jugendliche früher mit der Schere aus der Bravo ausgeschnitten und ins Album geklebt haben, kopieren sie heute auf ihre Facebook-Seite. Das Urheberrecht darf daraus kein Skandalon machen, welches das Familieneinkommen gefährdet.

Das Urheberrecht braucht Einheitlichkeit in der EU; in Zeiten des Internets kann man nicht mit zwei Dutzend verschiedenen nationalen Schutzkonzepten operieren. Eine Kulturflatrate braucht man aber nicht; sie wäre nur das Eingeständnis, dass man unfähig ist zu einer praktikablen rechtlichen Regelung. Das Urheberrecht braucht ein Pfingsterlebnis, eine Erleuchtung; es braucht den Geist, dessen Schutz es zum Inhalt hat.

Erschienen am 26.5.2012

*Der Unruhegeist ist ein demo-
kratisches Elixier. Der Unruhegeist
ist der Spirit einer Zivilgesellschaft –
die Anreger und Aufreger braucht.*

Selig sind die Unruhegeister

Bürgermut und soziale Proteste: Wie darf sich Besorgnis,
Zorn, Wut und Widerstand öffentlich äußern? Ein Streifzug
durch die deutsche Demokratie und Geschichte.

In den zornigen Jahren des 19. Jahrhunderts entdeckten die Deutschen die Straße als den Ort des Protestes. Erbitterung und Empörung über Behörden, Majestäten und Fabrikherren machten sich Luft in Protestmärschen, Demonstrationen und Manifestationen. Die Hungrigen wogen in den Bäckereien das Brot nach; war es in Ordnung, zog man weiter, war es zu leicht, wurde es genommen und verteilt. In Hunderten Volksversammlungen wurde über Gott und die Welt, den Straßenbau, die Industrieverschmutzung und über das allgemeine Wahlrecht gestritten; die Arbeiter forderten kürzere Arbeitszeit und „anständige Behandlung". Zusammen mit Dienstboten und Handwerksgesellen kämpften sie um ihre gesellschaftliche Anerkennung.

Diese Proteste waren eine politische Volks-Schule, man lernte zusammen mit den Studierten das Abc der demokratischen Rituale. Die Vertreter der herrschenden konservativen Mächte wurden unruhig und schürten deshalb die Angst vor dem, was sie Umtriebe nannten. In den Fliegenden Blättern erschien damals, es war 1848, eine Zeichnung, die den Erfolg der staatlichen Angstkampagnen illustriert. Eine Bauersfrau fragt auf diesem frühen Comic ihren heimkehrenden Mann: „Kommst du aus der Volksversammlung?" – „Jawohl, Alte!" – „Na was habt ihr denn ausgemacht? Ist jetzt Freiheit – oder ist noch Ordnung?" Der

Ethnologe Wolfgang Kaschuba spricht von den „konservativ ge-
schürten Revolutionsängsten", die da zum Ausdruck kommen.

Ist jetzt Freiheit – oder noch Ordnung?

Es war eine unruhige Zeit damals. Die Unruhe zeigt sich in der
Fahne der „Freiwilligen Compagnie Reutlingen"; in der Aufre-
gung von 1849 kam selbst die Farbenfolge durcheinander: Der
Staat hatte brutal ablehnend auf die friedliche Revolution von
1848 reagiert. Nach der brüsken Zurückweisung der demokratischen Reichsverfassung durch Preußen versuchten auch die süddeutschen Volksvereine und demokratischen Zirkel, den Monar-
chien die Republik abzutrotzen. Am 5. Mai 1849 gründete sich
das Freikorps, die „Reutlinger Compagnie", für die sich sofort
zweihundert einfache Handwerksgesellen, Arbeiter und Wein-
gärtner meldeten. Der Reutlinger Courier von 1849 beschreibt,
wie „Jungfrauen" die Fahne übergeben: „Jünglinge! Bleibet einander treu im Kampfe für Freiheit und Gerechtigkeit. Unsere Liebe gebe Euch Muth zur Ausdauer, dann ist der Sieg Euer Lohn."
Gesiegt haben die Jünglinge nicht. Der Staat zog die Zügel scharf
an, die gescheiterten Demokraten zogen sich ins Biedermeier
zurück. Nach Auflösung der Kompanie wurde die Fahne von der
Bürgerwehr in Verwahrung genommen, später ging sie in den
Besitz des Reutlinger Turnvereins über.

Ist jetzt Freiheit – oder ist noch Ordnung? Dieser fragende Satz aus den Fliegenden Blättern von 1848 ist ein deutscher
Schlüsselsatz, er erklärt den deutschen Anti-Chaos-Reflex.
Freiheit galt hierzulande lange nicht als Inhalt und Teil der Ordnung, sondern als ein Synonym für Unruhe und Chaos. Ordnung ist gut, Freiheit ist schlecht. Das klingt noch heute in den
politischen Debatten durch, mit denen neue Sicherheitsgesetze
begründet werden; die Beschränkung der Freiheitsrechte soll
mehr Sicherheit bringen. Ruhe ist erste Bürgerpflicht, Unruhe
eine Pflichtverletzung. Das wurzelt tief im kollektiven Hinter-
grundbewusstsein. Unruhe hat einen denkbar schlechten Ruf in

Deutschland. Wenn jemand „Unruhen" heute auch nur befürchtet (wie dies jüngst der DGB-Chef Sommer und die SPD-Präsidentschaftskandidatin Schwan im Zusammenhang mit der Wirtschaftskrise getan haben), dann gilt er als eine Art Brandstifter und Aufhetzer. Die bloße Beschreibung eines womöglich prekären Zustands wird als gefährlich apostrophiert – das Establishment der Berliner Politik reagiert wie Palmström in den Galgenliedern von Christian Morgenstern: Palmström, vom Auto überfahren, kommt zu dem Ergebnis, dass er den Unfall nur geträumt haben könne – „weil, so schließt er messerscharf, nicht sein kann, was nicht sein darf".

Vielleicht hätten Sommer, Schwan und Co. nicht von „Unruhen", sondern von „Unruhe" reden sollen. „Unruhen" werden hierzulande nicht einfach als Summierung von Besorgnis und Zorn wahrgenommen, sondern mit Gewalttätigkeit gleichgesetzt. Öffentliche Unruhe bedeutet aber automatisch nicht brennende Autos und Boss-Napping. Unruhe ist etwas anderes als Randale. Unruhe ist nicht der Polit-Hooliganismus einer 1.-Mai-Nacht. Es gibt sozialverträgliche, voranbringende Formen der Unruhe – sie tragen die innere Unruhe über gesellschaftliche Missstände protestierend auf die Straße.

Unruhe ist etwas anderes als Unruhen

Die gewalttätigsten Zeiten waren in Deutschland diejenigen, in denen keinerlei Unruhe geduldet wurde. Unruhe ist ein innerer Vorgang, und wenn sich diese Unruhe im öffentlichen Protest Luft macht, ist das nicht schlecht, sondern gut. Öffentliche Unruhe ist nicht per se gewalttätig, wie es die Autoritäten glauben machen wollen. Das war 1832 nicht so, als die unruhigen Bürger aufs Hambacher Schloss zogen. Das war 1848 nicht so, als die wildesten Aktionen nicht etwa die Erstürmung von Rathäusern und Fabriken waren, sondern die Veranstaltung von Katzenmusiken vor den Häusern von Politikern und Fabrikherren. Das war auch 1989 nicht so, als die Bürgerinnen und Bürger der DDR sich ihre Freiheit erkämpften und das verwirklichten, was schon die Revolutionäre von 1848 gewollt hatten: Einheit in Freiheit.

Die kurzen Zeiten widerständiger Unruhe

Warum hat die Erinnerung an die Zeiten produktiver Unruhe, warum hat die Erinnerung an eine erfolgreiche Revolution in Deutschland keine Basis? Im Gesamtzusammenhang der deutschen Geschichte kommt hierzulande der Erinnerung an das sogenannte Dritte Reich, an die extremste und brutalste Form der deutschen Auflehnung gegen die Demokratie, eine ähnliche Bedeutung zu wie bei anderen Nationen die Erinnerung an eine erfolgreiche Revolution – so meint der Historiker Heinrich August Winkler. Die Erinnerung an die Nazi-Herrschaft ist eine bedrückende, gewaltige Erinnerung, die zwar, verbunden mit einem „Nie wieder!", die Demokratie festigt, aber offenbar die anderen Erinnerungen verdrängt – die Erinnerungen an die Zeiten der produktiven Unruhe, in denen die Demokratie geschaffen und die Grundrechte gestärkt worden sind.

Unruhige Zeiten sind diejenigen, in denen sich die Bürger nicht ruhig, ordentlich und brav verhalten, in denen sie nicht „Dienst ist Dienst" und „Befehl ist Befehl" sagen und sich nicht unbedingt darauf verlassen, dass die Zuständigen schon alles richtig machen. Solche unruhigen Zeiten waren nicht die schlechtesten in der deutschen Geschichte. 1848, als die Bürger auf die Barrikaden gingen, formulierten sie in der Frankfurter Paulskirche ihre demokratischen Rechte: Sie verankerten die Rechts- und Chancengleichheit aller Staatsbürger, beseitigten die Vorrechte des Adels, garantierten die Meinungs-, Glaubens-, Vereins- und Versammlungsfreiheit. Die neuen Grundrechte galten zwar nicht lange, sie wurden von der Reaktion wieder ausradiert; aber sie blieben Idee, und sie wurden 1949 Grundgesetz. Gut 140 Jahre nach 1848 gingen die Menschen in Ostdeutschland wieder zu Hunderttausenden auf die Straße – und erkämpften die deutsche Einheit.

Die Zeiten widerständiger Unruhe waren kurz in der deutschen Geschichte. Deutschland hat Unruhe nie lang ausgehalten: Der Zug der zornigen Bürger aufs Hambacher Schloss, der Widerstand gegen die Bismarck'schen Sozialistengesetze, der Sturz der Monarchie nach dem Ersten Weltkrieg und die Errichtung der ersten deutschen Demokratie – in Frankreich würden Festtage daran erinnern.

In Deutschland hat das alles kaum Platz im öffentlichen Bewusstsein. Es ist so, als ob man sich hierzulande für die Tage der Fundamentalpolitisierung der Bevölkerung schämt. Unruhe feiert man nicht; der deutsche Michel geniert sich lieber. Diese Haltung hat Einfluss auf die Betrachtung auch der bundesrepublikanischen Unruhezeiten. Das gilt für die antiautoritäre Bewegung von 1968, die, was die Verfechter ihrer Anliegen betrifft, eine Studentenbewegung blieb. Das gilt für die Bewertung der Proteste gegen Wiederbewaffnung, Notstandsverfassung und Nachrüstung – sie werden weniger als Aktionen empfunden, bei denen die Demonstranten ihre Grundrechte entdeckten und ihre politischen Hoffnungen auf das Grundgesetz richteten, sondern vor allem als Störung des ordentlichen politischen Betriebs und Vorform des Landfriedensbruchs bewertet.

Wyhl, Wackersdorf, Gorleben

Unruhestiftung oder lebendig-ungebärdige Demokratie? Die Proteste gegen Wyhl, Wackersdorf und Gorleben waren und sind Exempel des Bürgermuts und der Zivilcourage. Die Kirchenasylbewegung war und ist so etwas wie ein Exekutivorgan des Artikels 1 Grundgesetz: Die Würde des Menschen ist unantastbar. Und wer hat den politischen Repräsentanten in Deutschland ökologische Verantwortung beigebracht? Es waren Unruhestifter. Unruhestifter sind Leute, die nicht akzeptieren wollen, dass man in Ruhe einfach so weitermacht wie bisher. Unruhegeist ist ein demokratisches Elixier. Er ist der Spirit einer Zivilgesellschaft – die nun einmal nicht nur Anreger, sondern auch Aufreger braucht.

Unruhestifter brauchen langen Atem. Wer hätte geglaubt, dass die Sitzblockierer von Mutlangen eines Tages von allerhöchster Rechtsstelle, vom Bundesverfassungsgericht nämlich, rehabilitiert werden würden? Am Schießplatz von Mutlangen auf der Ostalb deponierten die US-Amerikaner in den achtziger Jahren ihre Pershing-Atombomben. Diese US-Basis wurde deshalb damals zum Zentrum des Widerstandes gegen atomare Nachrüstung. Noch bevor die Raketen kamen, gab es in Mutlangen eine Prominenten-Blockade. Mit seiner Teilnahme wolle er zum Ausdruck bringen, so sagte es Literaturnobelpreisträger Heinrich Böll am 1. September 1983, „dass die Nachrüstung Wahnsinn ist, einfach Wahnsinn". Später zogen Scharen Namenloser auf die Alb und stoppten Konvois, oft bloß für Minuten. In den Augen der Amtsrichter von Schwäbisch Gmünd war das verwerfliche Nötigung.

Ein Feiertag für Unruhestifter

Die Maschinerie von Staatsanwaltschaft und Gericht lief unbeirrt, die Justiz vollstreckte unerbittlich. Sie bestrafte prominente und einfache Bürger, zwölf Jahre lang. Wer seine Geldstrafe nicht bezahlte, weil er glaubte, dass ein Protest gegen Nachrüstung richtig und zur Friedenssicherung wichtig war, der musste hinter Gitter. Zwar hatte sich die Welt verändert seit den erbitterten Debatten darüber, ob jemand, der eine halbe Stunde vor dem Tor eines Raketenlagers sitzt, wirklich ein Gewalttäter ist. Zwar waren die Waffen, gegen die sich der Protest gerichtet hatte, längst abgezogen und die Pershings verschrottet; aber die Justiz strafte immer noch, und die Strafen mussten immer noch abgesessen werden. Dann veröffentlichte aber am 15. März 1995 das Bundesverfassungsgericht seine spektakulären Beschlüsse mit dem Tenor: Sitzblockaden sind keine Gewalt; die Richter erklärten, dass Sitzblockaden nicht als Nötigung bestraft werden können. Der Staat hatte also geirrt, als er verurteilt hatte. Die Friedensdemonstranten hatten diesen Irrtum um ihrer Unruhe willen erduldet und ertragen. In diesem Erdulden lag Kraft. Der 15. März 1995 ist ein Feiertag für Unruhestifter.

Nach dem Ende dessen, was Neoliberalismus genannt wurde, geht es gegenwärtig darum, die Finanzwirtschaft neu zu ordnen und zu regeln, wirtschaftliche und soziale Positionen neu zu justieren und auszuhandeln. Sollen die Leute dabei einfach ganz ruhig bleiben? Sollen sie ruhig sein, wenn der Staat mit Hunderten Milliarden Steuergeld für eine verantwortungslose Finanzwirtschaft einstehen muss? Sollen sie dankbar sein für die Sozialisierung der Verluste der Banken? Die Menschen fühlen die Stühle wackeln, auf denen sie sitzen, selbst wenn die noch gar nicht wackeln. Sie bangen um ihren Arbeitsplatz, sehen existentielle Bedrohungen auf sich zukommen. Wenn solche Unruhe nicht artikuliert wird, geht der wirtschaftlichen Depression die psychische voraus.

Sollen die Menschen sich bescheiden mit dem Lied „Die Gedanken sind frei", zweite Strophe: „Ich denke, was ich will und was mich beglücket, doch alles in der Still' und wie es sich schicket"? Lebendige Demokratie kann schon ein bisschen mehr vertragen.

Erschienen am 2./3.5.2009

GOTT UND
DIE WELT

Papst Benedikt hat das Undenkbare gewagt. In seiner Ermattung und Entkräftung zeigte Benedikt Kraft und historische Größe.

Stellvertreter Gottes a. D.

I n der gewaltigen Kuppel des Petersdoms zu Rom steht in zwei Meter hohen Buchstaben das gewaltige Zitat aus dem Matthäusevangelium, das mit den Worten „Tu es Petrus ..." beginnt und auf Deutsch wie folgt lautet: „Du bist Petrus, und auf diesen Felsen werde ich meine Kirche bauen, und dir gebe ich die Schlüssel des Himmelreiches." Es ist ein Wort von ungeheurem Anspruch, ein Wort von magischer Autorität, ein Jahrtausendwort, das den Papst erhebt, das über ihm schwebt, das aber auch fordernd auf ihm lastet. „Petrus" zu sein, der Fels also, auf dem die Kirche ruht – das ist eigentlich keine Aufgabe, die man ablegen kann. Umso ungeheuerlicher für die katholische Welt ist der Rücktritt des deutschen Papstes Benedikt.

Dieser Rücktritt sprengt eine zweitausendjährige Tradition, er sprengt das Selbstverständnis des katholischen Papsttums. Dieses Selbstverständnis sieht die 264 Päpste seit Petrus als Nachfolger dieses Apostels, als Vicarius Jesu Christi, als Stellvertreter Gottes auf Erden. Ein Stellvertreter außer Dienst, ein Vicarius a. D., ein Ex-Papst, war bisher undenkbar. Es gibt nur ein einziges Beispiel für einen solchen Rücktritt aus eigenem Antrieb, Papst Coelestin V., im Jahr 1294. Nun hat Benedikt, gut siebenhundert Jahre später, im Bewusstsein der Schwäche seines Alters, das bisher Undenkbare gewagt. In seiner Ermattung und Entkräftung zeigt Benedikt Kraft und historische Größe, er überwindet sein autokratisches Führungsverständnis, das einen Rücktritt eigentlich nicht zulässt.

Die andere Seite der Brücke

In dieser Größe liegt aber etwas sehr Bitteres, ja Tragisches – weil die Kraft sich eben erst im Abschied zeigt. Nur mit seinem Rücktritt sprengt Benedikt die Ketten der Tradition, überall sonst hat er an den Ketten der Tradition nicht gerührt, da und dort hat er sie sogar verstärkt; nur dieses eine Mal wächst er über sich, über sein Herkommen, sein traditionelles Verständnis von Kirche, nur dieses eine Mal wächst er hinaus über das, was schon immer galt in der Kirche. In all den Problemen, die die Kirche im dritten Jahrtausend bedrängen, blieb er der Papst des zwanzigsten Jahrhunderts, der Papst, in dem die theologische Weisheit des zweiten Jahrtausends zu Hause war – die ihm aber das Verständnis für das dritte Jahrtausend nicht brachte. Benedikt war und ist der letzte der alten Kirchenväter – er hat über Augustinus promoviert und über den Franziskanerphilosophen Bonaventura habilitiert. Er denkt mit ihnen und lebt in ihren Lehrgebäuden. Er hat das Neue nicht gewagt. In seinem letzten Buch über die Kindheitsgeschichte Jesu hatte er nicht die Gabe, das Dogma von der Jungfrauengeburt verständlich zu interpretieren; er hat nur auf die Möglichkeiten verwiesen, die Gott hat.

Als Benedikt vor fast acht Jahren gewählt wurde, galt er als Papst des Übergangs. Er hat diesen Übergang aufopferungsvoll moderiert. Und er hat sich dem Missbrauchsskandal eindrucksvoll gestellt. Aber er blieb der Pontifex des Übergangs, er hat ihn nicht geschafft, die andere Seite der Brücke hat er als Brückenbauer nicht erreicht. Und so steht am Ende des Übergangs-Pontifikats die Frage: Übergang wohin? Niemand weiß es. Diese Kirche ist keine triumphierende Kirche mehr, auch keine streitende; sie ist eine fragende Kirche. Die Fragen klopfen, sie hämmern an die Türen des Vatikans, aber sie wurden nicht eingelassen: die Rolle der Frauen in der Kirche. Der Zölibat. Die Se-xualmoral. Die Aufgabe der Kirche in der Weltgesellschaft. Und für wen sind die Sakramente? Sind sie Instrumente zur Diszi-plinierung der Menschen – oder Hilfe für die Menschen an den Wendepunkten und in den Schwächen des Lebens? Kardinal Martini, der verstorbene Kardinal von Mailand, hat diese Fra-ge in einem Interview kurz vor seinem Tod gestellt. Er hat an die vielen geschiedenen und wiederverheirateten Paare gedacht, an die Patchworkfamilien, für die die römische Kirche wenig üb-rig hat.

Groß, aber leer

Diese Kirche ist zweihundert Jahre lang stehen geblieben. Die Vitalität und die phantasievolle Kraft der Kirche in der Dritten Welt, in Lateinamerika zumal, hat der Vatikan nicht an sich he-rangelassen. Die Gotteshäuser in Europa sind groß, aber leer; die Organisation ist eingespielt, aber kraftlos. Benedikt wollte hinter das Vatikanische Konzil zurück, weil die Welt dieser al-ten Zeit seine Welt war, seine Heimat. „Das Volk Gottes unter-wegs", das in eine neue Welt aufbricht – dieser Aufbruch blieb ihm fremd. Ecclesia semper reformanda, Kirche ist immer re-formbedürftig: so heißt ein Satz, der oft Augustinus, oft Mar-tin Luther zugeschrieben wird. Einerlei. Wenn es zum Wesen der Kirche gehört, sich ständig zu erneuern, hat sie das Wesentli-che vergessen. Die Kirche war selten so reformbedürftig wie am Ende des Pontifikats von Benedikt XVI.

Erschienen am 12.2.2013

An Papst Franziskus I. gibt es eine große Erwartung: Dass er den Bunker verlässt und Brücken baut zu den Menschen.

Papst der Armen, armer Papst

Die katholische Kirche hat einen neuen Papst – nach einem grandiosen Schauspiel, das die Welt offenbar umso mehr fasziniert, je ferner sie der Kirche rückt. Die Kraft dieser Kirche bröckelt und bröselt, aber die Kraft der Bilder, die diese Kirche aus dem Vatikan liefert, ist stärker denn je. Es ist nicht unbedingt eine geistlich-geistige Kraft, die sich da zeigt; aber sie in eine solche zu verwandeln, ist die Kunst, die vielleicht dem neuen Papst Franziskus I. gelingen kann. Er ist ein Papst aus der neuen Welt; er gilt als einer, der für soziale Gerechtigkeit steht, als ein Papst der Armen. Der jesuitische, der lateinamerikanische Papst hat sich den Namen Franziskus gegeben. Das ist eine programmatische Namenswahl: Der Heilige Franz von Assisi war Begründer des Ordens der Minderen Brüder, also der Franziskaner. Er ist Heiliger der Armen, der arme Heilige.

Es schauen zwar immer mehr Menschen nach Rom, weil die dortigen Bilder so fremdartig schön sind, aber es folgen zugleich immer weniger Gläubige diesem Rom, weil die Lehren, die im Vatikan hochgehalten werden, ihrer Lebenserfahrung widersprechen. Die Menschen werden daher eher zu Zuschauern eines Spektakels, denn zu Gläubigen eines Mysteriums. Kann der neue Papst das ändern, weil er aus einer anderen Welt kommt? Vorderhand ist das, was soeben in Rom passiert, ein himmlisches Hollywood, dessen Faszination sich davon nährt, dass es da nicht um einen fiktiven Herrn der Ringe, sondern um den realen Herrn des Rings geht – um den, der als Oberhaupt von 1,2 Milliarden Katholiken den Fischerring trägt.

Wenn der Heilige Vater im Vatikan mit heiligem Besen gekehrt hat

Es trägt ihn nun ein Papst vom anderen Ende der Welt. Ein Wunder? Ob der Heilige Geist den Kardinälen bei der Wahl die Hand geführt hat, wie sich das Katholiken erhoffen, wird sich erst in Jahren zeigen. Der Geist weht bekanntlich wo er will; er weht wohl nicht so sehr im Vatikan, sondern an ganz anderen Orten, an denen, die nicht so schwelgerische Bilder produzieren – wo aber den Menschen geholfen wird; vielleicht dort, wo der neue Papst herkommt. Womöglich spürt man den Heiligen Geist auch im Vatikan wieder, wenn der neue Heilige Vater dort mit heiligem Besen gekehrt hat, wenn die unbändige Macht der römischen Kurie gebändigt ist. Die Weltkirche leidet schwer an den Missbrauchsskandalen. Der Missbrauch geistlicher Macht fängt im Vatikan an; dort muss die Bekämpfung beginnen.

Der neue Papst ist ein Übergangspapst. Alle Päpste seit einem guten halben Jahrhundert sind Päpste des Übergangs; es gab entscheidungsstarke und entscheidungsschwache Päpste, sie alle waren aber Übergangspäpste. Die meisten sind schon bei ihrer Wahl so genannt worden – selbst der große Johannes XXIII., weil man dem bescheidenen Herrn große Weichenstellungen nicht zutraute. Auch der letzte Papst, der zurückgetretene Benedikt, galt bereits bei der Wahl als Mann des Übergangs, weil man sich nach den gut 26 Jahren des Pontifikats von Johannes Paul II. nicht vorstellen konnte, dass mit seinem Nachfolger, der der Mastermind des alten gewesen war, eine neue Epoche beginnen könne.

Selbst dieser Johannes Paul II., selbst dieser weltmächtig-sendungsbewusste polnische Papst, dessen Rolle beim Zusammenbruch des Ostblocks kaum überschätzt werden kann, war ebenso ein Papst des Übergangs wie sein armer Vorgänger Johannes Paul I., dem nur 34 Tage an der Spitze vergönnt waren – weil diese ihre Kirche eben eine Kirche des Übergangs ist. Es war Johannes XXIII., der genau dies seiner Kirche in einer epochalen Entscheidung klar machte: Er hat das Konzil einberufen und damit die Kirche gelehrt, dass sie zu einer Gemeinschaft werden muss, „die dynamisch ausgreift und sich anpasst". So hat das damals der Münchner Kardinal Julius Döpfner beschrieben: Johannes XXIII. habe die Ungewissheit des Übergangs in eine Verpflichtung zum mutigen Hinüberschreiten verwandelt. „Aggiornamento" hat dieser Papst das damals genannt, „die Zeichen der Zeit erkennen" – was etwas anderes ist, als sich dem Zeitgeist anzupassen. Johannes rief damals nicht zum „Widerstand" auf gegen eine angeblich „feindselige Umwelt in modernen Gesellschaften", wie dies zuletzt Benedikt tat, der schon bei der Forderung nach Gleichberechtigung der Frau in der Kirche gefährlichen „Relativismus" am Werk sah.

Die Päpste seit Johannes XXIII. haben zwar Weltreisen unternommen, aber sich vor der Welt und den Problemen der Gläubigen verbunkert. An Franziskus I. gibt es daher eine große Erwartung: Dass er den Bunker verlässt und das tut, was für den Übergang wichtig ist – Brücken bauen zu den Menschen. Er nennt sich schließlich Pontifex. Vielleicht schafft er es auch, mutig hinüberzuschreiten.

Erschienen am 14.3.2013

Franz von Assisi gilt oft als niedlicher, auch komischer Heiliger – dabei ist seine Botschaft radikal, und sie steht im krassen Widerspruch zum Prunk der Amtskirche: Lebe in Armut für die Armen!

Franziskus heute

Der neue Papst ist mutig, verwegen oder ein wenig verrückt – sonst hätte er nicht diesen Namen gewählt: Franziskus! Kein anderer Papst vor ihm hat sich so genannt. Die Namenswahl ist die erste Tat einer päpstlichen Amtszeit, der neue Name ist Programm in wenigen Buchstaben: Pius, der Fromme. Clemens, der Milde. 23 Päpste haben Johannes geheißen, nach Johannes dem Täufer, dem Vorläufer Christi. Rodrigo Borgia, der Kirchenfürst, der 1494 die Welt zwischen den beiden Seemächten Portugal und Spanien neu aufteilte, nannte sich Alexander VI., in Verehrung Alexanders des Großen.

Und nun nennt sich der neue Papst, der aus jener Welt kommt, die seinerzeit Europa unter sich aufgeteilt hat – Franziskus. Er nennt sich so nach dem beliebtesten und radikalsten aller Heiligen, nach dem Mann, der die nackte Armut gepredigt und gelebt hat, der ein erbitterter Feind war von Eigentum, Hab- und Raffsucht. Franziskus: Der Name passt zu einem Mann, der im einst ausgebeuteten Erdteil zu Hause war. Passt er auch zu der Kirche, der dieser Mann jetzt vorsteht?

Franz von Assisi ist ein Jahrtausendheiliger. Kein anderer Heiliger war und ist weltweit so populär. Sein Sonnengesang, dieser paradiesische Lobpreis der Schöpfung, ist Gebet und Hit eines Jahrtausends. Kein anderer Heiliger ist so oft gemalt worden wie er; von den ganz Großen ebenso wie von tausend verehrungsvollen Stümpern und Märchenmalern. Kein Heiligenleben ist so oft verfilmt worden wie seines; am besten von Rossellini. „Gaukler Gottes" hat der seinen ergreifend schlichten Film über das bettelnde und betende Abenteuer des Mannes genannt, der reich war, sich arm machte und es mit aller Kraft blieb.

Es gibt Historiker, die Franziskus für den Retter des christlichen Glaubens halten. Nicht nur Christen, auch Juden, Muslime, Buddhisten und Hindus erweisen dem friedfertigen Franz die Ehre – weil er jegliche Kreatur auf die anrührendste Weise geachtet hat. Und ein Ahnherr der Pazifisten ist der Heilige schon deswegen, weil er entwaffnend war; seinerzeit strömten so viele Menschen seiner Bewegung zu, dass die italienischen Städtekriege erloschen. Franziskus ist ein globaler Universalpatron – der Armen, der Kaufleute, der Sozialarbeiter, der Umweltschützer und Tierfreunde.

Warum hatte sich bisher kein Papst nach dem Superheiligen benannt? Der Vatikan ist ein Ort, an dem sich im Idealfall Macht mit Charisma zu numinoser Autorität verbindet. Die Kirche braucht viel Charisma, um die Verbindung von Vertrauen und Schauer herzustellen, die den Gläubigen zugleich erhebt und bestürzt, die ihn groß und zugleich klein macht. Warum also hat kein Papst bisher das Groß-Charisma des Franziskus genutzt? Nun ja – Franz von Assisi hat nicht gut gerochen. Er lief in einer dreckigen Kutte herum; als er seinerzeit bei seinem Papst auftauchte und ihn erfolgreich bat, die neue Ordensgemeinschaft zu bestätigen, hielt der sich die Nase zu und riet dem Franz, doch vor allem die Schweine zu missionieren. Der ärmliche Geruch des Franziskus verträgt sich nicht gut mit dem Geruch von Geld und Macht.

Der Name passt nicht zur Vatikan-AG

Sein Name passt nicht zu Protz und Prunk und Reichtum. Er passt nicht zur Vatikan-AG, deren Vorstandschef der Papst ist.

Der Vatikan ist heute ein Offshore-Paradies für dunkle Finanz-
geschäfte mit höllischen Gewinnen, die Vatikanbank eines der
umstrittensten Finanzinstitute der Welt. Und der Heilige Franziskus? Er hat in seiner Ordensregel den Besitz von Geld verboten: „Allen Genossen befehle ich, niemals Münzgeld in irgend-
einer Form anzunehmen, auch nicht durch Mittelspersonen."
Schon der Name Franziskus ist also eine Anklage gegen kirchlichen Reichtum – und daran ändert die vollkommene Demut
nichts, die der Heilige zeigte.

Besaß Jesus einen Geldbeutel?

Die ganze Geschichte der Franziskanerorden weit hinein in die
Moderne ist geprägt vom Streit über die Armut. Darf der Orden
Weinberge besitzen? Vermächtnisse annehmen? Gewinnträch-
tig wirtschaften? Die Kongregation, die als Gemeinschaft der
Bettelmönche gegründet wurde und sogleich ungeheuren Auf-
schwung erlebte, rieb sich am Armutsideal wund, zerstritt, be-
kämpfte und spaltete sich. Die „Spiritualen" pochten auf wörtli-
che Regelbeachtung, sie waren die Fundis. Die „Konventualen",
die Realos also, waren zu Zugeständnissen bereit. Die Leser von
Umberto Ecos Mittelalter-Epos „Der Name der Rose" kennen
das. Dort gibt es einen Disput zwischen den Franziskanerspiri-
tualen und den Vertretern Roms über die Frage, ob Jesus einen
Geldbeutel besessen habe.

Der Streit ist nicht erfunden, es ist ein franziskanischer
Grundsatzstreit: 1322 beschloss das Generalkapitel des Ordens,
es sei „gesundes katholisches Dogma", dass Jesus und die Apostel weder Gut noch Geld besaßen. Christliche Leistungsideolo-
gen (von den Calvinisten bis hin zu den Pfingstkirchen unserer
Tage) sehen das ganz anders: Ihnen gilt es als Segen Gottes, Geld
zu haben und es zu mehren; und wer das nicht kann, macht sich
schuldig. Reichtum und Armut gelten hier als korrespondieren-
de Kategorien im göttlichen Heilsplan: Die Reichen sind auf die
Armen angewiesen, weil sie nur durch Caritas ihr Seelenheil ge-

winnen können; und die Armen sind auf die Reichen angewiesen, weil sie sonst nicht leben können. Von solchem Denken ist Franziskus weit weg.

Die verniedlichte Radikalität

Es steckt ein gewaltiger Anspruch im Namen des neuen Papstes. Kann er ihn auch nur ansatzweise einlösen? Die persönliche Bescheidenheit des Jorge Mario Bergoglio, die in diesen Tagen so gerühmt wird – sie wird da nicht genügen. Die Radikalität des heiligen Franziskus ist zum Fürchten. Ohnehin kann man sich fragen, wie es kommt, dass der frühkommunistisch anmutende Mann aus Assisi so populär werden konnte; Radikale sind ja üblicherweise keine Sympathieträger. Das liegt wohl daran, dass die Radikalität des Franziskus verniedlicht worden ist: auf unzähligen Bildern sieht man ihn sanftmütig als den, der den Vögeln predigt und den Wolf umarmt. Seine Radikalität erhielt einen Weichzeichner, so wie ihn auch die Radikalität von Jesus Christus erhalten hat. Die Welt kopierte das Bild, das sie sich von Franziskus gemacht hat, auch auf Jesus.

Der Literaturnobelpreisträger Dario Fo hat versucht, die Linse wieder schärfer zu stellen. In einem Bühnenmonolog lässt er den Franziskus sagen, wie man mit dem Teufel umgehen soll: „Wenn er den Mund aufmacht, dann scheiß ihm doch einfach rein." Das ist zumindest verbalradikal; derlei Sprüche kennt man, dreihundert Jahre nach Franziskus, auch von Martin Luther. Andere Künstler haben versucht, den Mann aus Assisi an die Wall Street zu transportieren: Der moderne CEO-Franziskus reißt sich also in der Vorstandssitzung die Kleider vom Leib und entscheidet sich für ein Leben in Armut.

Die Adaption der franziskanischen Ideale, die dem neuen Papst Franziskus bevorsteht, wird aber sehr viel schwieriger sein als die in Film und Theater.

Erschienen am 16.3.2013

„Elite" – das sind nicht unbedingt die, die sehr viel Geld oder sehr viel Macht haben. Aber ganz sicher gehören zur wirklichen Elite die Menschen, die sich in Wohlfahrtsverbänden, in sozialen Initiativen, Vereinen und Betriebsräten engagieren, an der Basis der Demokratie also.

Haltung ist das, was Halt gibt

Der gutmütig-jähzornige Transportarbeiter Franz Biberkopf hat in den zwanziger Jahren des letzten Jahrhunderts im Gefängnis von Berlin-Moabit ein Gedicht gehört und auswendig gelernt. Es steht in Alfred Döblins Großstadtroman „Berlin Alexanderplatz" – und es beginnt so:

„Willst du, o Mensch, auf dieser Erden ein männliches Subjekte werden, dann überleg es dir genau eh du dich von der weisen Frau ans Tageslicht befördern lässt! Die Erde ist ein Jammernest! Glaub es dem Dichter dieser Strophen, der oft an dieser doofen, an dieser harten Speise kaut! Zitat aus Goethes Faust geklaut: Der Mensch ist seines Lebens froh, gewöhnlich nur als Embryo!"

Das sind Gedanken, die wohl so ähnlich auch heute noch Menschen durch den Kopf gehen, die an die Türen der Wohlfahrtsverbände klopfen, um dort Hilfe zu erhalten. Es sind Seufzer von Menschen, die vom Schicksal nicht geküsst und gehätschelt werden. Die entlassene Kassiererin von Schlecker, der langzeitarbeitslose Hartz-IV-Empfänger, das überschuldete und völlig zerstrittene Ehepaar – sie alle seufzen nicht viel anders als Franz Biberkopf im Jahr 1926. Das Gedicht geht wie folgt weiter:

„Da ist der gute Vater Staat, er gängelt dich von früh bis spat. Er zwickt und beutelt dich nach Noten mit Paragrafen und Verboten! Sein erst Gebot heißt: Mensch berappe! Das zweite: halte deine Klappe! So lebst du in der Dämmerung, im Zustand der Belämmerung. Und suchst da ab und zu den steifen Verdruss im Wirtshaus zu ersäufen, in Bier beziehentlich in Wein, dann stellt sich prompt der Kater ein.

Inzwischen melden sich die Jahre, der Mottenfraß zermürbt die Haare, es kracht bedenklich im Gebälke, die Glieder werden schlapp und welke; die Grütze säuert im Gehirn, und immer dünner wird der Zwirn. Kurzum, du merkst, es wird jetzt Herbst, du legst den Löffel hin und sterbst. Nun frag ich dich, mein Freund mit Beben, was ist der Mensch, was ist das Leben? Schon unser großer Schiller spricht: ‚Der Güter höchstes ist es nicht‘. Ich aber sag: es gleicht ner Hühnerleiter, von oben bis unten und so weiter“.

Dies Gedicht formuliert die Lebensweisheit derer, die nicht auf der Sonnenseite des Lebens zu Hause sind.

Der Sozialstaat als Schicksalskorrektor

Es ist einfach so. Das Leben beginnt ungerecht und es endet ungerecht, und dazwischen ist es nicht viel besser. Der eine wird mit dem silbernen Löffel im Mund geboren, der andere in der Gosse. Der eine zieht bei der Lotterie der Natur das große Los, der andere die Niete. Der eine erbt Talent und Durchsetzungskraft, der andere Aids und Antriebsschwäche. Die Natur ist ein Gerechtigkeitsrisiko. Der eine hat eine Mutter, die ihn liebt, der andere einen Vater, der ihn hasst. Der eine kriegt einen klugen Kopf, der andere ein schwaches Herz. Bei der einen folgt einer behüteten Kindheit eine erfolgreiche Karriere. Den anderen führt sein Weg aus dem Ghetto direkt ins Gefängnis. Die eine wächst auf mit Büchern, der andere mit Drogen. Der eine kommt in eine Schule, die ihn stark, der andere in eine, die ihn kaputt macht. Der eine ist gescheit, aber es fördert ihn keiner; der andere ist doof, aber man trichtert ihm das Wissen ein. Der eine müht sich und kommt keinen Schritt voran, der andere müht sich nicht und ist ihm hundert voraus. Der eine hat Arbeit, die ihn zufrieden macht, der andere schreibt vergeblich hundert Bewerbungen und zerbricht daran. Der eine ist sein Leben lang gesund, die andere wird mit einer schweren Behinderung geboren.

Die besseren Knochen, die besseren Gene hat sich niemand erarbeitet, die bessere Familie auch nicht. Das Schicksal hat sie ihm zugeteilt. Das Schicksal teilt ungerecht aus und es gleicht die Ungerechtigkeiten nicht immer aus. Hier hat der Sozialstaat, hier hat eine fürsorgliche Gesellschaft ihre Aufgaben. Sie sorgen dafür, dass der Mensch reale, nicht nur formale Chancen hat. Der Sozialstaat ist, mit Maß und Ziel, Schicksalskorrektor.

Der kluge Sozialstaat erschöpft sich also nicht in der Fürsorge für Benachteiligte, sondern zielt auf den Abbau der strukturellen Ursachen. Madame de Meuron, die 1980 gestorbene „letzte Patrizierin" von Bern, sagte einem Bauern, der sich in der Kirche auf ihren Stuhl verirrt hatte. „Im Himmel sind wir dann alle gleich, aber hier unten muss Ordnung herrschen". Ist das die Ordnung, die wir uns vorstellen? Die Ordnung, die sich der Sozialstaat, die Ordnung, die sich eine demokratische Gesellschaft vorstellen, ist das nicht.

Dass der Bürger Mensch sein kann

Sozialpolitik ist die Basispolitik der Demokratie. Die Bürger einer Demokratie brauchen Ausbildung und Auskommen, sie brauchen eine leidlich gesicherte ökonomische Existenz, sie müssen frei sein von Angst um die eigenen Lebensverhältnisse. Eine kluge Sozialpolitik sorgt dafür, dass der Mensch Bürger sein kann. Sie gibt ihm Grundsicherung und Grundsicherheit. Seine Freiheitsrechte, seine politischen Rechte brauchen ein Fundament, auf dem sie sich entfalten können. Kluge Sozialpolitik und Demokratie gehören daher engstens zusammen, sie bilden eine Einheit. Demokratie arbeitet gegen Ausgrenzung. Demokratie ist Inklusion und Integration.

Es gibt ja Leute, die meinen, Demokratie sei nicht sehr viel mehr als eine Kiste: 90 Zentimeter hoch und 35 Zentimeter breit. Oben hat die Demokratie einen Deckel mit Schlitz. In der Tat: Alle paar Jahre, in Deutschland immer an einem Sonntag, kommen viele Leute zu diesen Kisten. Die Kiste heißt „Urne", also genauso wie das Gefäß auf dem Friedhof, in dem die Asche von Verstorbenen aufbewahrt wird. Wahlurne – das ist ja eigentlich wirklich ein merkwürdiger Name, denn die Demokratie wird ja an diesen Wahltagen nicht verbrannt und beerdigt; im Gegenteil: Sie wird geboren, immer wieder neu, alle paar Jahre. Wahltage sind die Geburtstage der Demokratie; und der Wahlkampf vorher ist sozusagen die Zeit der Glückwünsche. Demokratie ist aber noch sehr viel mehr als eine Wahl.

Demokratie als Betriebssystem

Eine richtige Demokratie findet nicht nur alle paar Jahre, am Wahltag, statt, sondern an jedem Tag. Demokratie ist das erfolgreichste, beste und friedlichste Betriebssystem, das es für ein Land gibt. Es ist ein Betriebssystem, bei dem alle, die in einem Land wohnen, etwas zu sagen haben: Jeder hat eine Stimme, keiner ist mehr wert als der andere, alle sollen mitbestimmen, was zu geschehen hat. Junge und Alte, Behinderte und Nichtbehinderte, Neubürger und Altbürger. Demokratie ist eine Gemeinschaft, die ihre Zukunft miteinander gestaltet – nach den Regeln, über die man miteinander bestimmt hat. Zukunft! Miteinander! Gestalten! Das ist Demokratie.

Das Schicksal teilt ungerecht aus; und es gleicht die Ungerechtigkeiten nicht immer aus. Hier hat einfühlsame und zugleich zupackende Hilfe ihren Platz. Diese Hilfe beginnt mit kostenfreier Beratung, mit einer Beratung also, bei der es nicht auf den Geldbeutel ankommt, zu der jeder gleichen Zugang hat. Das ist Basisdemokratie.

Exklusion ist demokratiefeindlich, Exklusion ist verfassungswidrig. Langzeitarbeitslosigkeit ist demokratiefeindlich und menschenunwürdig, also verfassungswidrig. Ein Land mit hohen Langzeitarbeitslosen-Quoten ist in keiner guten Verfassung. Jeder Mensch soll arbeiten können und arbeiten dürfen nach seinen Fähigkeiten. Arbeit gehört zum Wesen des Menschen. Arbeit strukturiert den Alltag, sie gestaltet das Leben, sie ist Teilhabe an der Welt. Arbeitslosigkeit führt zum Einschrumpfen der Lebensäußerungen, Arbeitslosigkeit macht die Menschen klein. Demokratie ist eine Staatsform für selbstbewusste, nicht für kleingemachte Menschen.

Deutschland ist fürwahr kein armes Land, aber es gibt immer mehr Armut in Deutschland. Die Armut in Deutschland ist eine andere Armut als die im 19. Jahrhundert; es gibt keine arme Klasse mehr, die sich kämpferisch zusammenschließen könnte. Den Armen von heute fehlt der Stolz, das Selbstbewusstsein und das Zusammengehörigkeitsgefühl, das einst die Arbeiter hatten, als sie sich in den Gewerkschaften zusammenschlossen.

Die Armen in Deutschland sind relativ arm

Armut hat heute viele Gesichter: Da ist der arbeitslose Akademiker, da ist der Gelegenheitsarbeiter, da ist der wegrationalisierte Facharbeiter; da sind die schon immer zu kurz Gekommenen am Rand der Gesellschaft, da ist die alleinerziehende Mutter, die den Sprung ins Berufsleben nicht mehr schafft. Da ist der überflüssig gewordene Bankangestellte, der sein Haus verloren hat und nun vom Arbeitslosengeld II lebt, da sind die Einwanderkinder, die nicht aus ihrem Ghetto herauskommen, da sind dreihunderttausend Obdachlose. Die Armut in Deutschland ist eine andere Armut als die in Kalkutta. Die Armen in Deutschland sind relativ Arme – sie sind relativ arm dran. All diese relativ Armen haben wenig gemeinsam, das macht die Armutsbekämpfung schwierig. In einem der reichsten Länder der Welt wächst die Diskrepanz zwischen Arm und Reich. Die Bürger einer Demokratie brauchen Ausbildung und Auskommen, sie brauchen eine leidlich gesicherte ökonomische Existenz, sie müssen frei sein von Angst um die eigenen Lebensverhältnisse. Soziale Rechte sind deshalb Rechte auf Teilhabe, sie sollen den Zusammenhalt innerhalb der Gesellschaft wahren und sie vor Zerfall und Verwahrlosung bewahren.

Arbeit, die Gemeinschaft stiftet

Die Bürgerinnen und Bürger einer Demokratie brauchen, um Bürgerin und Bürger sein zu können, Ausbildung und Auskommen, sie brauchen eine leidlich gesicherte Existenz, sie müssen frei sein können von Angst. Das gilt für die Alt- und für die Neubürger, das gilt für Deutsche und Zuwanderer. Ein Patriot ist der, der dafür sorgt, dass Deutschland Heimat bleibt für alle Altbürger und Heimat wird für alle Neubürger. Das nennt man Integration und das ist das Gegenteil von Ausgrenzung. Diese Integration gibt es nicht umsonst; sie kostet. Aber das Integrationsgebot ist wichtiger als ein Spardiktat. Integration ist wertvoll. Wer also auf Kosten von Integration und auf Kosten vorsorgender Sozialpolitik spart, betreibt nicht Zukunftssicherung, sondern Zukunftszerstörung.

Um miteinander Visionen zu entwerfen, wie eine Arbeitsgesellschaft der Zukunft aussehen könnte, braucht man ein vitales Gemeinwesen, braucht man eine Gesellschaft, aus der nicht ein Drittel ausgeschlossen wird. Nur eine vitale Gemeinschaft hat die Kraft, das alte betriebswirtschaftliche Weltbild zu durchstoßen und eine kopernikanische Wende der Arbeitswelt einzuleiten, in der nicht mehr allein Kapital und Markt definieren, was als Arbeit zu verstehen ist. Es gibt unendlich viel Arbeit, die Gemeinschaft stiftet, die für inneren Frieden sorgt; es gibt Arbeit, die unter den Mantel kriecht, den die Politik über die neuen Armen dieser Gesellschaft ausgebreitet hat; es gibt die Arbeit, die auf die Natur Obacht gibt. Das alles ist Gemeinwesenarbeit, die chronisch unterbezahlt ist oder von der man erwartet, dass sie ehrenamtlich, also umsonst, erledigt wird. Der alte, enge Begriff von Arbeit muss also gesprengt, der Arbeitsbegriff muss vervielfältigt werden – die Arbeit für die Gemeinschaft muss den

Rang bekommen, der ihr gebührt. Hier ist das neue Feld der neuen Arbeitsgesellschaft. Und dann kann ein neuer Friedrich Engels dessen Traktat vom Anteil der Arbeit an der Menschwerdung des Affen fortschreiben und den „Anteil der neuen Arbeit an der Menschwerdung des Menschen" beschreiben.

„Die Stärke eines Volkes misst sich am Wohl der Schwachen" – so steht es in der Präambel der schweizerischen Verfassung von 1999. Das ist ein mutiger Satz, weil die Stärke eines Volkes, die Stärke eines Staates gern an ganz anderen Faktoren bemessen wird. Die einen messen sie am Bruttosozialprodukt und am Exportüberschuss, die anderen reden dann vom starken Staat, wenn sie mehr Polizei, mehr Strafrecht und mehr Gefängnis fordern. Kaum jemand fordert den starken Staat, wenn es darum geht, soziale Ungleichheit zu beheben und etwas gegen die Langzeitarbeitslosigkeit zu tun. Kaum jemand sagt „starker Staat", wenn er die Verknüpfung von Sozial- und Bildungspolitik meint. Kaum jemand redet von der „Stärke eines Volkes", wenn es darum geht, menschenwürdige Mindestlöhne durchzusetzen oder eine angemessene Förderung von Behinderten.

Die Stärke eines Volkes misst sich am Wohl der Schwachen – das ist ein starker Satz, auch wenn es wohl so ist, dass schon die Bezeichnung „Schwache" infiziert ist von den Ausschließlichkeits-Kriterien der Leistungsgesellschaft. Ich bin der Meinung: Der starke Staat ist ein Staat, der für Chancengleichheit kämpft, der sich um das Wohl der Schwachen kümmert – und dabei allmählich lernt, dass die Schwachen gar nicht so schwach sind, wie man oft meint und dann ihre Stärken, die Perfektion des Imperfekten, zu schätzen lernt.

Der kluge Sozialstaat

Gegen Ausgrenzung, gegen Verdrängung, gegen Verelendung zu arbeiten – nicht mit Pampern, sondern mit Krisenintervention und mit sozialer und wirtschaftlicher Phantasie: das ist Aufgabe eines klugen Sozialstaats. Ein Sozialstaat ist ein Staat, der ge-

sellschaftliche Risiken, für die der Einzelne nicht verantwort-
lich ist, nicht bei diesem ablädt. Er verteilt, weil es nicht immer
Manna regnet, auch Belastungen. Aber dabei gilt, dass der, der
schon belastet ist, nicht auch noch das Gros der Belastungen tragen kann. Ein Sozialstaat gibt nicht dem, der schon hat; und er
nimmt nicht dem, der ohnehin wenig hat. Er schafft es, dass die
Menschen trotz Unterschieden in Schicksal, Rang, Talenten und
Geldbeutel sich auf gleicher Augenhöhe begegnen.

Das Eins, Zwei, Drei der Zivilgesellschaft

Eine Gesellschaft funktioniert nicht, wenn sie nicht mehr ist als
die Addition der Individuen, wenn sie nicht mehr ist als die Multi-
plikation des Individuellen und die Potenzierung des Alleinseins.
Eine Gesellschaft braucht Gemeinsamkeit, sie braucht das Miteinander und das Füreinander – sonst ist sie keine Gesellschaft,
sondern ein Egoisten-Konglomerat, eine Vereinzelungs-Appara-
tur. „Elite" – das sind nicht unbedingt die, die sehr viel Geld oder
sehr viel Macht haben. Aber ganz sicher gehören zur wirklichen
Elite die Menschen, die sich in Wohlfahrtsverbänden, in sozialen
Initiativen, Vereinen, Bürgerstiftungen, in Betriebsräten, Mitar-
beitervertretungen engagieren, an der Basis der Demokratie also.
Das kostbarste Kennzeichen eines Gemeinwesens, das dem Ge-
meinwohl verpflichtet ist und verpflichtet bleiben will, ist das
Engagement seiner Bürgerinnen und Bürger: Erstens das professionelle Engagement der Stiftungen und der Wohlfahrtsverbände. Zweitens das ehrenamtliche Engagement von vielen Freiwilligen. Und drittens die gute Zusammenarbeit zwischen den Profis
und den Ehrenamtlichen. Aus eins, zwei und drei ergibt sich die
Zivilgesellschaft.

Die Zivilgesellschaft beantwortet eine Frage, die in Zeiten
von anhaltend schlechten Nachrichten besonders beliebt ist: Wo
bleibt eigentlich das Positive? Es gibt dieses Positive. Es gibt die
vielen sozialen und gesellschaftspolitischen Initiativen, die dort
ansetzen, wo es der Staat oder die Kommune nicht oder nicht

mehr tut: Sie machen Kultur; sie finanzieren, was der Staat nicht mehr finanziert; sie kümmern sich, viel persönlicher, als dies die beste staatliche Jobagentur kann, um Ausbildungsplätze für Jugendliche; sie leisten Hausaufgabenhilfe für ausländische Kinder; sie begleiten türkische Eltern zur Klassenversammlung; sie kriechen unter den Teppich, den Hartz IV über die neuen Armen der Gesellschaft gebreitet hat; wenn es ganz gut geht, kümmern sich die sozialen Initiativen darum, dass die Menschen in der Armut nicht nur auskommen, sondern auch darum, dass sie aus der Armut wieder fortkommen. Das ist nicht nur positiv, das ist wunderbar. Die Ehrenamtlichen sind die Unbezahlbaren dieser Gesellschaft. Sie sind die Elite. Sie sorgen dafür, dass aus Demokratie nicht Dekadenz wird.

Vor einiger Zeit haben es sich gewisse Leute angewöhnt, über die von ihnen sogenannten Gutmenschen zu lästern. Der größte publizistische Erfolg des bürgerschaftlichen Engagements ist, dass das verächtlich gebrauchte Wort „Gutmenschen" wieder aus der Mode kommt. Vielleicht hat das auch damit zu tun, dass die Lästerer in der Krise merken, wie sehr man diese Menschen braucht. Das herablassende Gerede über die Gutmenschen hatte im Übrigen das früher übliche Gelächter und Gekicher über die angeblichen ehrenamtlichen Wichtigtuer abgelöst. Natürlich hat es Wichtigtuer im Ehrenamt immer gegeben, es gibt sie sicher auch heute noch. Im Zweifel ist einem ein Wichtigtuer, der sich ehrenamtlich engagiert, lieber als ein Nichtstuer, der nur dumm daherredet.

Eine lebendige Demokratie, eine lebendige Gesellschaft

Wohlfahrt – das klingt so betulich, ist aber ein täglicher Kampf. Notwendig sind die Pflicht und die Kür. Für die Pflichtaufgaben ist der Staat zuständig. Für die Kür sind die Kirchen, die Wohlfahrtsverbände und die Ehrenamtlichen zuständig. Notwendig ist ein Bündnis der Ideenreichen, der Zeitreichen und der Geldreichen – der Menschen also, die Ideen, Zeit oder Geld haben.

Dieses Bündnis muss, im Wortsinn, gestiftet werden. Es kann den Sozialstaat nicht ersetzen, aber bereichern. Dann entsteht eine lebendige Demokratie, eine lebendige Gesellschaft.

Wie viel Wohlfahrt braucht das Land?

Es stimmt nicht, wie es oft heißt, dass man eh nichts machen kann. Es stimmt nicht, dass die Probleme der modernen Gesellschaft so groß, so unübersichtlich und komplex sind, dass man besser gar nicht anfängt, sie anzupacken. Es stimmt nicht, dass die Übernahme von Verantwortung eine aussichtslose, heillose Sache ist. Das alles sind Ausreden, das alles sind Sätze zur Tarnung der Bequemlichkeit. Haltung ist das, was einer Gesellschaft Halt gibt. Wie viel Wohlfahrt braucht das Land? So viel nur irgend geht. Die Skala der Mitmenschlichkeit und der Solidarität ist nach oben offen. Märchen beflügeln die Phantasie, vielleicht auch die demokratische Phantasie, die Phantasie in Arbeit und Leben. Deshalb soll diese Anstiftung zum Demokratie lernen mit einem Märchen enden. Es ist mein Lieblingsmärchen, aber es ist, wie Märchen es oft sind, sehr drastisch – es handelt davon, wie es vermeintlich Schwache miteinander schaffen, sich erfolgreich gegen eine Gefahr zu verteidigen. Es ist ein ziemlich unbekanntes Märchen der Brüder Grimm. Die Gefahr, gegen die sie sich verteidigen, wird verkörpert durch einen Herrn Korbes.

„Da taten sich also Hähnchen und Hühnchen, der Mühlstein, ein Ei, eine Ente, eine Stecknadel und eine Nähnadel zusammen: Wie sie zu dem Herrn Korbes seinem Haus kamen, war der Herr Korbes nicht da. Die Mäuschen fuhren den Wagen in die Remise, das Hähnchen flog mit dem Hühnchen auf eine Stange, die Katze setzte sich in den Kamin, die Ente in die Bornstande, die Stecknadel setzte sich auf ein Stuhlkissen, die Nähnadel ins Kopfkissen im Bett, der Mühlstein legte sich über die Türe und das Ei wickelte sich in ein Handtuch. Da kam der Herr Korbes nach Hause, ging an den Kamin und wollte Feuer anmachen. Da warf ihm die

Katze Asche ins Gesicht. Er ging geschwind in die Küche und wollte sich abwaschen. Wie er an die Bornstande kam, spritzte ihm die Ente Wasser ins Gesicht. Als er sich abtrocknen wollte, rollte ihm das Ei aus dem Handtuch entgegen, ging entzwei und klebte ihm die Augen zu. Er wollte sich ruhen und setzte sich auf den Stuhl, da stach ihn die Stecknadel. Darüber wurde er ganz verdrießlich und ging ins Bett. Und wie er den Kopf aufs Kissen legte, da stach ihn die Nähnadel. Da war er so bös und toll, dass er zum Haus hinauslaufen wollte. Wie er aber an die Tür kam, sprang der Mühlstein herunter und schlug ihn tot."

Ein so gewaltsames Ende darf freilich auch nur ein Märchen finden. In der Wirklichkeit hat man bei allem Elan, das Böse zu besiegen, sich davor zu hüten, über das Ziel hinauszuschießen. Meine Fabel darf deshalb nicht als Aufruf zur Gewalt für einen guten Zweck missverstanden werden. Mir geht es in diesem Märchen um den Wert der gemeinsamen Aktion. Der Herr Korbes – er ist die Verkörperung der Gefahren, die einer demokratischen Gesellschaft drohen. Und die Geschichte zeigt, wie man sich gemeinsam dagegen wehrt, was solidarische Aktion vermag.

Die Ente und die Stecknadel

Schreiben wir deshalb das Ende des Grimmschen Märchens um: Der Herr Korbes, Symbol für die Gefahren, die einer Stadtgesellschaft drohen, er soll nicht erschlagen, sondern verjagt werden aus dem Haus der Demokratie – vertreiben wir daraus die Missachtung der Schwachen, die Missachtung des Rechts, die Entsolidarisierung und das angebliche Recht des Stärkeren, vertreiben wir die soziale Ungerechtigkeit. Aber wer ist mit seinen Möglichkeiten eher die Stecknadel, eher das Ei oder die Ente? Die eigene Rolle und die eigene Aufgabe zu finden, damit fängt der aufrechte Gang, damit fängt die gemeinsame Aktion, damit fangen die Zivilgesellschaft und die lebende Stadtgesellschaft an.

Es geht in einem ganz umfassenden Sinn um die Wohlfahrt dieser Gesellschaft. Wohlfahrt ist das Ergebnis der Übernahme von Verantwortung. Eine Gesellschaft, in der möglichst viele Verantwortung übernehmen und in der der Mensch im Mittelpunkt steht und nicht der Profit: das ist die Gesellschaft in der wir leben wollen.

Auszug aus dem Festvortrag zur 40-Jahr-Feier der „Münchner Insel" am 11.10.2012 *

* Die „Münchner Insel" ist ein Angebot der evangelischen und katholischen Kirche zur Krisen- und Lebensberatung.

*Die Angst vor dem Terrorismus
hat die Gesellschaften der westlichen
Welt im Griff. Was hilft gegen den
Terrorismus? Schärfere Gesetze
helfen nicht. Notwendig ist ein
großes Bündnis der Friedliebenden.*

Um Gottes
willen

ie Terrorwarnung ist der Weckruf für eine neue
alte Angst. Der Weckruf erschreckt eine ohnehin
höchst verunsicherte Gesellschaft. Er erschreckt
sie so, dass sie ihre anderen Ängste verdrängen
kann: die Angst vor der globalisierten Wirtschaft, die Angst vor
einem marodierenden Finanzsystem und vor einem taumeln-
den Euro, die Angst um den Arbeitsplatz und die eigene kleine Existenz. All diese Verunsicherungen gehen auf in der einen
großen kollektiven Angst vor dem Terror, die nach radika-
ler Soforthilfe ruft. Die Angst dringt darauf, dass etwas getan
wird, möglichst schnell, möglichst viel, möglichst alles, sie fordert befreiende Taten. Sie ruft danach, nicht so viel Rücksicht
zu nehmen. Die Terrorangst ist das Fieber der Gesellschaft. Sie
sucht nach Sündenböcken. Sündenbock der Terrorangst ist der
Islam.

Ein Hörspiel des Westdeutschen Rundfunks wollte die Vor-
urteile über den Islam zurechtrücken. Es trug den Titel: „Über
den Islam weiß ich nichts, aber er macht mir Angst." Das war
vor zwanzig Jahren. Die Unwissenheit ist seitdem nicht kleiner, die Angst aber viel größer geworden. Eine „gewisse anti-
koranische Tollwut", die der Dominikanerpater Georges Anawati konstatierte, ist seit den islamistischen Terroranschlägen
noch virulenter geworden. Anawati war der Islam-Experte der

katholischen Kirche. In der westlichen Mehrheitsgesellschaft wird heute über den Koran so geredet, als sei er eine Anleitung zum Bombenbau. Und über das Kopftuch wird gestritten, als sei aufgedeckt worden, dass bin Laden es anfertigt. Der Islam wird im Westen – aus Angst – als verdächtige Religion betrachtet und mit den Exzessen seiner Fanatiker gleichgesetzt.

Allein vor der Angst muss man Angst haben

Die Angst war nach dem 11. September 2001 furchtbar groß; das war angesichts der Monstrosität der Anschläge berechtigt; jetzt, in Zeiten neuer Terrorwarnungen, kehrt die Angst wieder. Damals im Herbst und Winter 2001, waberte sie durch Nachrichtensendungen und U-Bahnen, sie besetzte das Denken der Menschen und der Politik, sie versorgte sich vorbeugend mit Gasmasken und Medikamenten, sie zog sich Latex-Handschuhe über die Finger und hielt Taubendreck für Milzbrand-Bakterien. Der Radius des Formenkreises der Angst wuchs wöchentlich: Es gab die Angst vor Giftanschlägen, vor Biobomben, vor Schläfern, vor der Scharia; und all diese Ängste kaprizierten sich auf den „Islam". Gegen die Angst wurden überall im Westen grundstürzende Gesetze beschlossen, mit Sonderrechten für Geheimdienst und Polizei. Heute ist die Angst noch nicht so groß, aber schon gebiert sie sonderliche Vorschläge: Der CDU-Rechtsexperte Siegfried Kauder hat geraten, angesichts der Terrorgefahr notfalls die Pressefreiheit einzuschränken.

„Das Einzige, wovor wir Angst haben müssen, ist die Angst selbst, weil sie sämtliche Anstrengungen lähmt, die nötig wären, den Rückschritt in Fortschritt zu verwandeln." Der Ratschlag stammt vom früheren US-Präsidenten Franklin Roosevelt. Und welche Anstrengungen wären nötig? Noch mehr Bombardement in Afghanistan? Eine militärische Niederwerfung Irans? Ausrufung des Ausnahmezustands, des Kriegsrechts im Inneren? Einführung eines Sonderrechts für echte oder angebliche Terroristen? Die Umkehrung der geltenden

Rechtsprinzipien – im Zweifel nicht für, sondern gegen den Terrorverdächtigen? Muss man den Rechtsstaat partiell abschalten, um ihn zu erhalten? Und ist es „Appeasement", wenn man das nicht macht? Appeasement – so nennt man die Beschwichtigungspolitik, die der britische Premier Chamberlain betrieben und die zum Münchner Abkommen mit Hitler geführt hat. Indes: Die Welt des Islamismus ist keine Hitler'sche Welt, sie ist kein geschlossener Machtblock, sondern eine diffuse globale Bewegung. Welche Anstrengungen wären nötig? Es wäre nötig, den Islam und die Muslime als Bündnisgenossen gegen den gewalttätigen islamistischen Fundamentalismus zu gewinnen, um dann dem Terror gemeinsam entgegenzutreten.

Der Westen hat eigene Erfahrung mit dem Fundamentalismus. Der Fundamentalismus prägt die Geschichte seiner Religionen; partiell hat dieser Fundamentalismus überlebt. Was ist das Kennzeichen aller Fundamentalisten? Sie finden immer einen Satz, der passt. Sie nehmen ihre jeweilige Heilige Schrift wörtlich, Buchstabe für Buchstabe, Punkt für Punkt. Das gilt für die jüdischen Siedler in Hebron, die sicher sind, dass Gott ihnen das israelische Großreich versprochen hat. Das gilt für die bibeltreuen Christen, die Homosexualität und die Evolutionstheorie als Frevel wider den Schöpfer brandmarken. Das gilt für den Staatsislamismus im Iran, das gilt für die Taliban, das gilt für die islamistischen Attentäter. Sie haben den Drang, den öffentlichen Raum nach ihrer eigenen Glaubensüberzeugung einzurichten. Sie halten sich für die Ingenieure des göttlichen Bauplans und tun so, als habe Gott ihnen die Blaupause für sein Königreich auf Erden in die Hand gedrückt.

Gegen Fanatismus hilft keine Selbst-Fanatisierung

Daraus leiten gewalttätige Fundamentalisten erstens das Recht ab, jeden zu beseitigen, der ihnen bei der architektonischen Umsetzung des angeblich göttlichen Plans im Weg steht; und zweitens die Gewissheit, dass das Paradies auf sie wartet, wenn sie sich dabei selbst opfern. Sie sind Fanatiker. Fanum ist das Heiligtum. Der Fanatiker geht für das, was er für heilig hält, über Leichen, auch über seine eigene. Dagegen helfen keine Cluster-Bomben. Gegen den Fanatismus hilft auch keine Selbst-Fanatisierung.

„Alles, was ich tat, tat ich für Gott", sagte Yigal Amir, der Mörder des israelischen Ministerpräsidenten Rabin. So sagte es der Ayatollah Chomeini, als er seine Fatwa gegen Salman Rushdie verhängte und zum Kampf gegen die Gottlosigkeit aufrief. So sagte es bin Laden, als er die Anschläge vom 11. September feierte. So sagen es die islamistischen Terroristen, wenn sie ihren Terror als gerechten Krieg preisen: Gott will es. Bernhard von Clairvaux, der heilige Zisterzienser-Abt, hat einst die Kreuzzüge damit begründet. Und die Päpste versprachen den Ablass der zeitlichen Sündenstrafen und ewige Seligkeit. Ein Jünger Allahs „tötet mit gutem Gewissen, noch ruhiger stirbt er", so predigte nicht bin Laden, sondern der heilige Bernhard; er sagte allerdings nicht „Jünger Allahs", sondern „Ritter Christi". Bei der Eroberung Jerusalems vor neunhundert Jahren veranstalteten die Kreuzritter, so ein Augenzeuge, ein solches Gemetzel, „dass die Unsrigen bis zum Knöchel im Blut wateten". Anschließend plünderten sie die Häuser der Reichen und gingen sodann, „vor Freude weinend ... um das Grab unseres Erlösers zu verehren."

Die Geschichte vom Christentum und Islam ist eine Geschichte gescheiterter Beziehungen

Diese Gewalttätigkeit des Christentums ist Geschichte. Die Gewalttätigkeit der islamistischen Fundamentalisten ist Gegenwart. Hilft da der Hinweis darauf, dass der Islam in einer Zeit, in der das Christentum die Schwertmission predigte, zur Zeit der Omaijaden in Spanien also, ein Wunder an Friedfertigkeit, Toleranz und Gelehrsamkeit war? Das ist schon über tausend Jahre her – und zeigt, wie es sein könnte, aber nicht ist. Islamismus ist aggressive Unduldsamkeit, aufgestaute Wut gegen den Westen, Zorn über das eigene Scheitern im Wettlauf um Macht und Reichtum. Die desolate Lage der meisten Muslim-Staaten wird nicht als Folge einer unzureichenden, sondern einer übertriebenen Modernisierung gesehen; man fühlt sich von ihr infiziert wie von einer Krankheit. Also kämpft man gegen das westliche Gesellschaftsmodell, das auf der Trennung von Kirche und Staat und der Anerkennung weltanschaulicher und politischer Pluralität beruht. Es geht den Islamisten um eine Zeitverschiebung – zurück in die Zeit vor der Aufklärung, zurück in die absolute Unterwerfung der Menschen unter religiöse Dogmen, über die man angeblich nicht diskutieren darf, weil sie von Gott geschaffen sind. Gegen Gottes Wort gibt es keinen Protest, da werden Redefreiheit, Pressefreiheit, Glaubensfreiheit, Wissenschaftsfreiheit, da wird die Ausübung von Grundrechten zur Blasphemie.

Die Geschichte von Christentum und Islam ist eine Geschichte gescheiterter Beziehungen. Es ist eine Geschichte von Heiligen Kriegen, von Flugzeug- und Rucksackbombern, von Hass und Terror im Namen Gottes. Die Fundamentalisten beider Religionen haben jeweils die alleinige Wahrheit für sich gepachtet und darum gekämpft, wessen Gott der stärkere ist, der Gott der Christen oder der Allah der Muslime. So wurde aus dem Monotheismus der Muslime und der Christen ein heiliger Nationalismus. Im Westen ist dieser unheilige Nationalismus überwunden worden. Religiosität und Christentum haben sich seit der Aufklärung und nach Auschwitz verändert. Der moderne Mensch des Westens ist eine oft sehr ratlose Gestalt geworden: Kein personifizierter Gott regelt ihm mehr die Dinge, kein Gott scheidet klar Gutes und Böses. Die Muslime aber trumpfen noch immer auf mit dieser alten Sicherheit – und stören damit weniger die Kirchen (bei denen die Angst vor dem Islam nicht verbreitet ist), sondern erstens die Alltagsbürger, die ihre Ruhe haben wollen und zweitens die Humanisten, die mit dem Glaubensstolz der Muslime nichts anfangen können.

Es ist nicht so, dass nichts geglaubt wird im Westen; geglaubt wird fast alles. Auch diese Gleich-Gültigkeit trägt zur Angst vor dem Islam bei, sie befördert die Gleichsetzung von Islam und Fundamentalismus, von Muslimen und Gewalttätern; sie erspart sich den Dialog zwischen Okzident und Orient. Mit diesem Dialog tun sich Christen und die, die es einmal gewesen sind, unendlich schwer, weil sie weder dem muslimischen Glaubensstolz noch den religiösen Kenntnissen der Muslime viel entgegenzusetzen haben. Eine Auseinandersetzung mit den glaubensbewussten Muslimen machte den Westlern, ob gläubig oder nicht, erst einmal ihre eigene Unkenntnis über die Grundlagen des Christentums klar. Über Gemeinsamkeiten und Unterschiede können sie nicht reden, weil sie das kaum kennen, was beim Reden über Leitkultur heuchlerisch „christlich-jüdisches Erbe" genannt wird. Die Gleich-Gültigkeit im Westen erzeugt dort diffuse Unterlegenheitsangst. Und so wird die Angst vor dem Terror zu einer Angst vor dem Islam insgesamt. Das ist der furchtbarste Fehler, den man aus Angst vor dem Terror machen kann.

Miteinander leben, nicht nebeneinander

Viele Islam-Kritiker reden heute (obwohl sie nicht oder wenig gläubig sind) so ähnlich wie einst Bernhard von Clairvaux. Sie reden über den Islam wie der Reformator Philipp Melanchthon über die Türken, der wusste, dass es sich bei ihnen um die Endzeitvölker Gog und Magog handele, angetreten zum Kampf gegen die christliche Kirche. Die Befürworter eines Dialogs mit dem Islam stehen dagegen auf dem Fundament der Annäherung durch Dialog, das einst Petrus Venerabilis, John Wyclif, Ramon Llull und Nikolaus von Kues gelegt haben. Der mittlerweile verstorbene Wiener Kardinal Franz König, einer der Großen des Katholizismus im 20. Jahrhundert, hat vor Jahren in einem SZ-Interview auf die Frage geantwortet, ob er denn die „islamistische Herausforderung" nicht sehe: „Es mag sein, dass momentan das Interesse an einem Dialog nicht besonders groß ist, aber: Wir –

Christentum und Islam – müssen miteinander leben, nicht nebeneinander." Man kann heute hinzufügen: und schon gar nicht gegeneinander. Es ist wohl so, dass weniger die beiden christlichen Großkirchen die Gegenpole zum Islam sind; Gegenpol zum Islam ist vielmehr die säkulare Zivilgesellschaft. Aber die Kirchen werden Gesprächsführer der Zivilgesellschaft beim Dialog mit dem Islam sein müssen.

Es gibt gefährliche und ungefährliche Methoden, mit Ängsten fertig zu werden. Die relativ ungefährlichen richten sich nach innen: Zu ihnen gehören Riten, Zeremonien, Gebete. Die gefährlichen Methoden sind die, die aggressiv nach außen gerichtet sind: Dazu gehören die Verkürzung des Rechts und die Suche nach Sündenböcken. Religionsfeinde, Gesellschaftsfeinde, Erbfeinde, Rassenfeinde – immer dann, wenn mit solchen Stigmatisierungen die Würde von Menschen relativiert worden ist, war das der Beginn des Unheils und eines Terrors der Macht. Angst ist die Triebfeder des Krieges, auch des Krieges im Inneren. Machiavelli hat gelehrt: Wer seinem Volk Angst macht, braucht es, für eine gewisse Zeit jedenfalls, nicht zu fürchten. Was dem Vatikan jahrhundertelang der Teufel war, waren dem Weißen Haus daher bin Laden und Saddam Hussein. Wer angeblich gegen den Teufel kämpft, hat den lieben Gott logischerweise auf seiner Seite – so glaubte es US-Präsident Bush.

Der eine baut den Glockenturm, der andere das Minarett

Es gibt klügere Methoden, mit der Angst fertig zu werden: miteinander reden. Miteinander reden über die Riten und Zeremonien, die uns wichtig sind. Miteinander reden aber auch über die existentiellen und alltäglichen Ängste und Sorgen, die uns bewegen – ob die Kinder eine gute Ausbildung und einen Arbeitsplatz finden, ob das Geld reicht, ob die alten Eltern gut versorgt sind. Und das beste Mittel gegen Fanatismus ist der Dialog der Menschen, die in verschiedenen Kulturen und Religionen zu Hause sind. Für den einen kann sich dann zeigen, dass sein Gott der Gott ist, den auch der andere verehrt, aber jeder nennt ihn anders: Der eine baut ihm einen Glockenturm, der andere ein Minarett. Für den anderen, der den althergebrachten Glauben verloren hat und der sich als Suchender versteht, kann der Dialog zum Eingeständnis führen, dass er den Gottgewissen in gewisser Weise beneidet.

Miteinander suchen, Gemeinsamkeiten finden: Das ist ein bisher gescheitertes Projekt, es ist unendlich viel größer als Stuttgart 21. Ein gemeinsamer Aufstand der Religionen gegen einen anmaßenden Terrorismus, der im Namen Gottes auftritt – es wäre das Megaprojekt zur Befreiung von Angst.

Erschienen am 27.11.2011

Unser tägliches Brot gib uns heute?
Die Bitte im Vaterunser ist verblasst.
Wenn kein Respekt vor dem Lebens-
mittel mehr da ist – dann wird das
Essen zum Fressen.

Tischleindeckdich

Das Schlaraffenland war das Utopia der kleinen Leute. In den Jahrhunderten, in denen der Hunger zum Alltag gehörte, erträumten sich die Menschen eine essbare Welt. Sie träumten von Reisbergen, von Bächen voller Wein, von Häusern aus Lebkuchen und von Bäumen, an denen gebratene Kapaune hängen. Wer hungert und darbt, der träumt vom Überfluss.

Märchen sind ein Spiegel des Lebens von Generationen. Ganz viele handeln vom Essen, von der Nahrungssuche, von Hungersnöten. Die jahrhundertelang immer wiederkehrenden Notzeiten haben die Träume vom Schlaraffenland und vom Tischleindeckdich geboren. Die Erfahrungen, die hinter diesen Volkserzählungen stehen, sind verblasst; sie sind so verblasst wie die Bitte im Vaterunser: „Unser tägliches Brot gib uns heute". Die christliche Gebetsformel wird hierzulande kaum noch als existentiell begriffen.

Aus Dinkel und Hafer bäckt man heute nicht das Brot der Armen, sondern das der gut situierten Alternativen. Und der Traum der kleinen Leute ist zum Albtraum der Agrarpolitik geworden: Schweineberge lassen niemandem mehr das Wasser im Mund zusammenlaufen. In einer Welt des Überflusses liegen die Schlaraffenländer an jeder Ecke; sie heißen Lidl und Aldi und Tengelmann. Auf Nachrichten über den Hunger, auf Nachrichten darüber, dass Menschen verhungern, reagiert die Wohl-standsgesellschaft nicht sehr viel anders, als es der französi-schen Königin Marie-Antoinette nachgesagt wird. Am Vorabend der Französischen Revolution soll sie gesagt haben: „Wenn die Bauern kein Brot haben, dann sollen sie Kuchen essen." Es han-delt sich in Wahrheit um eine Wanderanekdote, um eine Anek-dote freilich, die ein Wohlstandsdenken gar nicht schlecht be-schreibt.

Der Brotpreis hat jahrhundertelang, bis in die Zeit nach dem Zweiten Weltkrieg, das Leben der Menschen bestimmt. Als am 14. Juli 1789 in Paris arbeitslose Handwerker die Bastille er-stürmten, hatte der Brotpreis den höchsten Stand seit dem Mit-telalter erreicht. Eine fünfköpfige Maurerfamilie des Jahres 1800 in Berlin musste 72,7 Prozent des Familieneinkommens für Ernährung ausgeben, davon über die Hälfte für Brot. So schreibt es Fernand Braudel in seiner Sozialgeschichte des 15. bis 18. Jahrhunderts.

Die Deutschen essen besonders billig

Verglichen damit, auch noch verglichen mit den Preisen, die vor fünfzig Jahren bezahlt werden mussten, sind Lebensmittel heu-te unvorstellbar billig. Vor fünfzig, sechzig Jahren gab ein deut-scher Haushalt im Durchschnitt etwa die Hälfte seines Budgets für Nahrungsmittel aus, heute sind es an die zwölf Prozent. Das ist auch im europäischen Vergleich wenig. Die Deutschen essen besonders billig. Brot und Butter, Fleisch und Fisch sind Mas-senprodukte geworden. Man kann das als soziale Errungen-schaften betrachten: Niemand muss mehr verhungern. Doch dieser Errungenschaft ist die Lebensfreundlichkeit abhanden-gekommen: Essen soll billig sein, ohne Rücksicht auf die Natur, ohne Rücksicht auf die Tiere und letztlich ohne Rücksicht auf die Menschen.

Derzeit liegt der jährliche Konsum des statistischen deut-schen Durchschnittsbürgers bei gut neunzig Kilo Fleisch, was im gesamten Leben eines Menschen der Verantwortung für den Tod von etwa 600 Hühnern, 22 Schweinen, 20 Schafen und sieben Rindern entspricht. Das Kilo Schweinefleisch kostet im Supermarkt kaum mehr als drei Euro – dank Massentierhaltung. Mit Hilfe von Pestiziden und Dünger wird aus dem Boden herausgeholt, was nur irgendwie herausgeht, so wird der Getreidepreis gedrückt. Der Schaden für die Umwelt spielt dabei keine Rolle. Und die Milchbauern bekommen von den Discountern so wenig Geld für ihre Milch, dass sie in den nächsten Jahren ihre Betriebe zusperren müssen. Die Art, wie die Deutschen essen, hat ihren Preis. Der Preis ist billig, aber nicht recht.

Zehn Ess- und Trinksprüche

Bei einem großen Essen, an einer schön gedeckten Tafel, werden gern Trinksprüche ausgebracht. Üblicherweise gelten diese den Gästen oder dem Gastgeber. Der Dioxin-Skandal lehrt wieder einmal, wie so viele Nahrungsmittelskandale vor ihm, dass es Zeit dafür ist, Ess- und Trinksprüche auf das Essen selbst auszubringen und zu beherzigen. Erstens: Lebensmittel müssen wieder sein, was ihr Name sagt – Mittel zum Leben. Zweitens: Es braucht einen neuen Respekt vor dem Essen. Das muss nicht heißen, dass das Essen wieder so teuer werden muss wie einst; aber das Essen muss den Menschen wieder etwas wert sein. Drittens: Die Esser müssen wissen, was sie essen. Deshalb ist es gut, wenn gentechnisch veränderte Lebensmittel gekennzeichnet werden müssen. Vielleicht ist die Angst vor der Gentechnik übertrieben; aber in dieser Skepsis steckt ein neues Bewusstsein, das Bewusstsein, sich nicht mehr alles vorsetzen zu lassen.

Viertens: Die Verbraucher müssen fragen, woher die Lebensmittel kommen, die wir essen. Fünftens: Sie dürfen vor den scheußlichen und ekelhaften Produktionsbedingungen von Billiglebensmitteln nicht mehr die Augen verschließen. Sechstens: Die Verbraucher müssen ihre innere Spaltung beenden. In Umfragen bekennt sich fast jeder zu Bio-Lebensmitteln, doch im

Supermarkt kauft er lieber die Billigpizza. Siebtens: Man sollte der gemeinsamen Mahlzeit wieder mehr Zeit und Raum geben. Eine Mittagspause, in der man am Computer herumhackt
und nebenbei etwas hineinschlingt, ist keine Pause. Achtens:
Ess- und Koch-Wissen sollten wieder Eingang finden in den Bil-
dungskanon. Neuntens: Es geht um ein Andersdenken und An-
derskaufen als bisher, um ein Anderskochen und Anderssessen:
Das ist Mikropolitik, das ist Politik in der Lebenspraxis des Alltags – aber es ist Politik. Verändertes Verbraucherverhalten verändert das Verhalten der Anbieter.

Zehntens: „Erst kommt das Fressen, dann kommt die Moral" – so sagt es Mackie Messer in der Dreigroschenoper. Das
stimmt schon so, exakt so. Ein Essen ohne Moral ist ein Fressen, kein Essen. Wenn nicht mehr Tiere, sondern Fleischbatzen
gezüchtet werden, wenn ein Besuch in einer Schlachtfabrik zu
einem Albtraum wird, wenn die Äcker überzüchtet werden mit
Pestiziden und Dünger, wenn kein Respekt vor dem Lebensmittel mehr da ist – dann ist das Essen ein Fressen.

Essen hält Leib und Seele zusammen, sagt das Sprichwort.
Man sollte den Zusammenhalt nicht vergiften.

Erschienen am 11.1.2011

Das Europäische Haus ist ein großes Haus mit vielen Räumen, vielen Türen, vielen Kulturen und vielen Arten von Menschen. Dieses Haus bewahrt die europäische Vielfalt und den Reichtum, der sich aus dieser Vielfalt ergibt. Dieses Haus ist die Heimat Europa.

Heimat Europa

Es gibt eine Geschichte, mit der meine Großmutter versucht hat, uns Kindern zu erklären, wie lange „Ewigkeit" dauert. Meine Großmutter war eine resolute Bauersfrau und hatte 14 Kinder, also einige mehr, als die EU in den ersten dreißig Jahren ihrer Existenz Mitgliedsstaaten hatte. Die alte Frau hat einiges erlebt, ihre Erinnerungen hat sie in einer Holzkiste verwahrt: darauf stand „Der Krieg"; darin waren die Briefe, die ihre Söhne und Schwiegersöhne von allen Fronten des Weltkriegs geschrieben hatten, aus El Alamein und aus Stalingrad. Mir fällt bisweilen diese Kiste ein, wenn es um Europa geht. Großmutters Ewigkeits-Geschichte aber ging so: An einem großen Felsen wetzt alle hundert Jahre einmal ein Vogel seinen Schnabel. Ist der Fels auf diese Weise endlich abgetragen, dann ist gerade einmal eine Sekunde der Ewigkeit vorbei.

Diese unendliche Geschichte kann einem in den Sinn kommen, wenn es um die Frage geht, ob und wann aus Europa ein demokratisches und soziales Gemeinwesen werden kann. Nicht nur nationale Politiker, sondern auch weltläufige Rechtsprofessoren geben nämlich auf diese Frage eine Antwort, die jeden, der nicht in Äonen denkt, in die Verzweiflung treiben kann. Das Defizit zumal an sozialer Demokratie in Europa sei, so heißt es, strukturell bedingt; es lasse sich durch die Reform der europäischen Institutionen nicht beheben. Und warum nicht? Weil es, so heißt es dann, wegen der Sprachprobleme „keine europäische Öffentlichkeit", „keinen europäischen öffentlichen Diskurs" und „kein europäisches Staatsvolk" gebe. Wenn das stimmt, spielt das Europa-Parlament die Rolle des Vögleins der soeben erzählten Geschichte.

Das goldene Zeitalter

Aber es stimmt nicht: In den Monaten und Jahren, in denen über die Zukunft des Euro und die Hilfe für die schwachen Volkswirtschaften in der EU gerungen wurde, war das die Diskussion einer europäischen Öffentlichkeit. Es gab und gibt einen europäischen Diskurs, ja vielleicht sogar ein europäisches Volk. Sicherlich: Die Unionsbürgerschaft ist nicht nur in Deutschland eher eine juristische Fiktion, denn eine gefühlte Realität. Das Bewusstsein der EU-Eliten in Brüssel und Straßburg schwebt weit über dem der normalen EU-Bürger. Die Elite ist euroglott; der Durchschnittseuropäer ist es nicht. Die derzeitige EU-Regierungsform ist ein fürsorglicher Brüsseler Elitizismus. Dessen Beliebtheit ist an der Wahlbeteiligung bei den Europa-Wahlen abzulesen. Gleichwohl: Europa ist das Beste, was den Deutschen, Franzosen und Italienern, den Tschechen und Dänen, den Polen und Spaniern, den Niederländern und Griechen, Bayern und Balten, Wallonen und Württembergern, Schotten und Sizilianern, den Basken wie den Badensern in ihrer Geschichte passiert ist. Europa ist die Verwirklichung so vieler alter Friedensschlüsse, die den Frieden dann doch nicht gebracht haben.

Das klingt emphatisch, aber es ist so – auch wenn immer weniger Leute daran glauben. Der wachsende Unglaube lässt sich nicht dadurch bekämpfen, dass man die alten Glaubensbekenntnisse beschwört. Mit solcher Beschwörung reagiert freilich die schrumpfende Anhängerschaft Europas auf die ökonomischen und sozialen Ängste der Bürger. Die haben Angst; und auf die Angst antworten die alten Europapolitiker mit gehörtem

Lobpreis: Europa sei das Beste, was den Deutschen, Franzosen und so weiter in ihrer langen Geschichte passiert sei.

Das stimmt ganz sicher – und doch werden solch feierliche Sätze zu Wortgeklingel, wenn und solange die Menschen diese EU nur als Nutzgemeinschaft für die Wirtschaft und die Finanzindustrie, aber nicht als Schutzgemeinschaft für die Bürger erleben.

Es wächst die Furcht, dass im Wirtschafts- und Euro-Europa die soziale Basis immer mehr unter die Räder gerät. Wenn es dieses Gefühl gibt, und es gibt dieses Gefühl, dann reicht es nicht, von den Bürgern Dankbarkeit zu verlangen dafür, dass die Europäische Union existiert. Europa braucht nicht nur Verträge und eine einheitliche Währung, es braucht auch das Vertrauen seiner Bürger. Die Bürger wissen derzeit nicht mehr, warum sie Europa wollen sollen. Man sagt ihnen, dass allein Europa ein potenter Spieler auf der Weltbühne sein könne, aber sie erleben diese Potenz nicht. Die europäischen Nationalstaaten verlieren ihre Fasson, aber die EU gewinnt sie nicht. Sie gewinnt an Größe, nicht an Stärke. Das muss sich ändern.

Das Orakel von Delphi und die Finanzmärkte

Früher befragten die Griechen das Orakel von Delphi. Heute befragt Europa die Finanzmärkte. Man kann streiten, was besser ist. Die Kommunikation mit dem Orakel war jedenfalls einfacher. Es hatte einen einzigen Ort und eine einzige Person, die es verkörperte. Der Ort lag an den Hängen des Parnass und die Person hieß Pythia. Das Orakel war also greifbar. Und als es sich spreizte, zog Alexander der Große es an den Haaren in den Tempel. An dessen Eingang befand sich eine Inschrift; sie war der Schlüssel für alle Fragen: „Erkenne dich selbst!" Möglichkeiten zur Selbsterkenntnis hat Europa in der Griechenland-, Italien-, Portugal- und Zypernkrise wie nie zuvor: Diese Krise ist nicht nur Währungs- und Finanzkrise, sie offenbart auch eine Institutionenkrise, eine Krise der Demokratie.

Angeblich geht es ja nicht anders in der Euro-Krise: Es muss einfach durchregiert werden; die Märkte warten nicht; es muss alles schnell gehen; die Exekutive muss effektiv handeln; Entschlossenheit ist Trumpf. Das erste Gebot der EU-Krisenpolitik heißt daher: Keine Zeit, keine Zeit. Das zweite: Noch schneller noch mehr Milliarden ausgeben. Das dritte: Keine Rücksicht nehmen auf die Parlamente. Das vierte: Erst kommt der Markt, dann kommt der Mensch. Das fünfte: Die alten demokratischen Regeln sind untauglich für das neue Europa. Die Krise sei nun einmal, so heißt es zur Begründung, die Stunde der Exekutive. Das mag so sein. Das Problem dabei ist: Die Euro-Krise dauert nicht eine Stunde, sondern schon Jahre. Fast drei Dutzend EU-Gipfeltreffen, allesamt sogenannte Krisengipfel, haben die Parlamente an den Rand gedrängt. Die Demokratie ist verrückt geworden. Der Einfluss des Parlaments, des zentralen Orts der Demokratie, hat in unglaublicher Weise abgenommen. Die parlamentarische Demokratie im Krisen-Europa ist notleidend.

Bettler unter dem europäischen Tisch

Am EU-Parlament gehen alle Rettungsmaßnahmen komplett vorbei; die europäischen Volksvertreter sind nur Zuschauer. Den nationalen Parlamenten geht es wenig besser; die dortigen Volksvertreter dürfen immerhin genehmigen, was ihre Regierungen beschlossen haben. „Passt schon" darf der Bundestag jeweils zu dem sagen, was eigentlich nicht passt: zur Entparlamentarisierung der Politik, die im Lauf der Euro-Krise vom schleichenden ins galoppierende Stadium übergegangen ist. Das Bundesverfassungsgericht versucht, Urteil für Urteil, den Bundestag wieder in seine Rechte einzusetzen. Die Parlamente sind nämlich nicht die Bettler unter dem europäischen Tisch, die darauf warten müssen, dass Krümel vom Tisch des Rates herunterfallen. Es geht um das Vertrauen in den demokratischen Prozess: Die Wertschöpfungsanlagen für dieses Vertrauen sind die Parlamente. Sie werden in der medialen Öffentlichkeit allzu oft als Ort des Streits diskreditiert. Wo sonst aber soll über Europa gestritten werden? In der Krise gibt es einerseits die berechtigte Klage über eine kastrierte Demokratie, andererseits eine besondere Lust auf Alexander-Politik. Das passt nicht zusammen: Die Sehnsucht nach Regierungshelden, die den gordischen Knoten mit einem Schlag zerhauen, ist undemokratisch. Am autokratischen Wesen von zwei oder drei EU-Regierungschefs wird Europa nicht genesen. Wer ständig eine Ruck-Zuck-Politik fordert, darf sich nicht wundern, wenn ruck-zuck die Demokratie verdirbt.

Die trigonometrischen Punkte Europas

Geschichte ist, wenn es kracht: Früher wurden historische Tage von Kanonaden eingeleitet. Historische Tage hatten stets etwas mit Krieg und Sieg und Niederlage zu tun. Weil das so im kollektiven Gedächtnis gespeichert ist, hat man den vergangenen Krisenmonaten ihre Historizität nicht unbedingt angemerkt: Es kracht nichts – nur der Euro knarrt, Griechenland ächzt, Italien stöhnt, Spanien seufzt, Zypern klagt. Um den Euro zu stützen, hat der Bundestag Bürgschaften für eine ungeheuerliche Summe geleistet. Sie alle dienen nicht nur der Stabilisierung, sondern auch der Erweiterung der Europäischen Währungsunion; aus ihr wird eine Wirtschaftsunion, eine Transferunion – also ein Staat. Der Weg dahin ist offensichtlich mit Bürgschaften gepflastert. Es ist aber dies ein Weg, der den Boden des Grundgesetzes verlässt, der also eine neue verfassungsrechtliche Grundlegung braucht. Ist das schlecht? Nein. Im Gegenteil: Es ist gewiss nicht das Schlechteste, was man über Deutschland sagen kann, wenn auf diese Weise die europäische Solidarität den Vorrang vor nationaler Selbstbehauptung erhält.

Wir reden so gern vom Haus Europa. Europäische Häuser gab es schon einmal, Häuser ganz besonderer Art, heilige Häuser: Die Dome und Kathedralen waren einst die Häuser, die trigonometrischen Punkte Europas. Alle Kunst des Kontinents fand dort ihre

Form, ihre Gestalt und ihre Heimat – in Brüssel und Barcelona, in Antwerpen und Straßburg, in Wien und in London, in Magdeburg und in Uppsala, in Aachen, Kuttenberg, Burgos und Klausenburg. Aus dem Namen der Baumeisterfamilie Parler, welche die Dome und Münster zwischen Freiburg und Prag gebaut hat, soll sich das Wort Polier entwickelt haben. Man wünscht sich, dass es Poliere ihres Geistes und ihrer Kunstfertigkeit auch beim Bau des Hauses Europa gibt.

Verzweifelte Baumeister

An den alten Kathedralen wurde lange gebaut, manchmal unvorstellbar lange; am Kölner Dom 632 Jahre. Und wenn es mit dem Bau einmal schneller oder richtig schnell ging, wenn der Bau gar in einem Menschenalter fertig wurde, suchte man dafür eine irrationale Erklärung – dann war beim guten Werk der Teufel im Spiel. In vielen Dombau-Legenden wird also erzählt, wie der verzweifelte Baumeister, um endlich fertig zu werden, sich mit dem Bösen eingelassen hat. Er musste dem bocksfüßigen Subunternehmer als Entlohnung für seine Hilfe die Seele des ersten Lebewesens versprechen, das bei der Einweihung das Bauwerk betrat. Die Legenden berichten, wie es der menschlichen Schläue gelang, den Teufel zu überlisten – der mit einem König, einem Kaiser oder Bischof gerechnet hatte, aber dann mit einem Hund wie in Regensburg oder mit einem Wolf wie in Aachen vorliebnehmen musste.

Die bisherige Bauzeit für das Haus Europa ist, verglichen mit derjenigen der Dome und Kathedralen, sehr kurz; das Werk ist fortgeschritten, aber noch nicht fertig. Indes: Die Bauarbeiten stocken, die Bauleute sind unlustig, an der einen Stelle wird noch gebaut, an der anderen nur saniert, es wächst dort und es bröckelt da; und es gibt Befürchtungen, dass die Arbeiten bald ganz eingestellt werden müssen. Warum? Es liegt, wie immer, am Geld, und es liegt daran, dass das Haus Europa, anders als die Dome des Mittelalters, nicht mit Granit oder Marmor, sondern aus den Hoheitsrechten gebaut werden, welche die einzelnen Staaten liefern. Das deutsche Grundgesetz, so sagen viele Verfassungsrechtler, verbiete weiteren Transport von deutschem Hoheitsmaterial – weil schon so viel davon nach Europa geschafft worden sei, dass es nun an die Kernbestände gehe. Das Grundgesetz behüte diese Kernbestände als unantastbar. Das Bundesverfassungsgericht müsse daher nun einen Lieferstopp vorschreiben. Ein solcher Lieferstopp hätte dann einen Baustopp für das Europäische Haus zur Folge, weil die Deutschen dessen wichtigste Bauherren sind. So ein Baustopp ist eine heikle und gefährliche Angelegenheit. Beim Dom zu Köln dauerte er einst 300 Jahre.

Der Kronschatz der deutschen Demokratie

Was kann man tun? Was muss man tun, um Europa weiterbauen zu können? Es gibt da einen teuflischen Vorschlag, einen, der an die mittelalterlichen Dombau-Legenden angelehnt zu sein scheint: Man müsse halt zur Fertigstellung des Hauses Europa eine Seele opfern, in der sich die deutsche Identität spiegelt – nämlich das Grundgesetz; dann falle auch das Transport- und Lieferverbot für das Baumaterial weg. Dieser Akt der Hingabe sei notwendig, auf dass das Haus Europa vollendet werden könne.

Vor eine solche Wahl gestellt, wird auch dem europäischsten Deutschen das Herz schwer. Gibt es Europa wirklich nur um den Preis des Grundgesetzes? Muss dieses Grundgesetz weggeworfen, muss eine ganz neue Verfassung geschrieben und darüber dann abgestimmt werden? Ist das der Preis, den die Deutschen für Europa zahlen müssen? Es wäre dies ein Preis, der noch höher ist als die Milliarden, die für Euro-Rettungsschirme und Fiskalpakte ausgegeben werden müssen. Das Grundgesetz ist nämlich so etwas wie der Kronschatz der deutschen Demokratie. Er ist das viel bewunderte, in aller Welt kopierte Glanzstück des Konstitutionalismus und das Herzstück aufgeklärten deutschen Wesens. Dieses Grundgesetz ist im Lauf der

Zeit an nicht wenigen Stellen verwässert und aufgebläht worden, aber es wird respektiert, geachtet, geehrt, ja geliebt. Muss man sich also als Deutscher für die Vollendung Europas entweder das Herz herausreißen– oder aber Europa als Zukunftsprojekt aufgeben?

Eine Verfassung als Alltagsbegleiter

Die deutschen Europäer, die sich für Europa das Herz herausreißen wollen, versuchen sich zu beruhigen und zu rechtfertigen. Man müsse halt einfach ein noch besseres, ein neues, ein wirklich europafreundliches Grundgesetz schreiben und dem Volk zur Abstimmung vorlegen. Diese Methode der Herztransplantation ist im letzten Artikel des Grundgesetzes, im Artikel 146, beschrieben. Auch der Autor dieses Textes hat immer wieder dafür geworben. Es gibt Argumente, mit denen man sich eine so riskante Operation schönreden kann. Das Grundgesetz ist schließlich schon fünf Dutzend Mal (!) geändert worden – warum sollte man es also nicht gleich durch ein ganz neues, dann auch unstreitig europataugliches Grundgesetz ersetzen?

Gewiss: Das Grundgesetz ist malträtiert worden, aber es ist immer noch gut. Und vor allem: Diese Verfassung hat das Vertrauen der Menschen. Den Grundrechten dieses Grundgesetzes ist das Schönste widerfahren, was Grundrechten passieren kann: Sie sind die Alltagsbegleiter der Menschen geworden. Es wäre daher eine teuflische Alternative, entweder das alte angeblich europauntaugliche Grundgesetz zu opfern – oder aber auf das neue Europa zu verzichten. Aber: Diese Alternative stellt sich auch nicht in dieser Form. Niemand gebietet es, sich zwischen Europa und dem Grundgesetz zu entscheiden; das gebietet nur ein falscher Rigorismus, dem Juristen (wie auch der Autor dieses Textes einer ist) gerne verfallen.

Das Grundgesetz sperrt sich nicht gegen Europa, im Gegenteil; es ist quasi in die Europafahne eingewickelt. In seiner Präambel heißt es nämlich, das deutsche Volk sei vom „Willen beseelt", ein „gleichberechtigtes Glied in einem vereinten Europa" zu sein. Und im Europa-Artikel 23 steht eine leider sehr technisch geratene neuere Gebrauchsanweisung dazu. Dieses Grundgesetz hat den Deutschen den Weg nach Europa gewiesen; es war der Kompass. Man wirft den Kompass nicht weg, nur weil man dem Ziel nahe ist. Einen Kompass braucht man immer wieder.

Man kann Europa gewinnen und zugleich das Grundgesetz bewahren – beides mit mehr Demokratie. Europa braucht mehr Demokratie, das Grundgesetz auch. Europa braucht eine demokratische Verfassung, die zum Ausdruck bringt, dass bei der Addition von siebenundzwanzig Demokratien keine verkümmerte, sondern eine potente Demokratie herauskommt. Und in Deutschland muss endlich praktiziert werden, was im Grundgesetz steht, aber bisher nie beachtet worden ist: Die Staatsgewalt wird (nicht nur in Wahlen, sondern auch) in Abstimmungen ausgeübt. Eine solche Abstimmung muss es in nützlicher Frist über Europa geben, über ein demokratisch verfasstes Europa.

Es wird also künftig zwei Grundgesetze geben müssen: erstens ein neues europäisches Grundgesetz, nämlich ein EU-Organisationsstatut, in dem etwa das Verhältnis von Europäischem Parlament, Rat und Kommission gut geregelt wird. Und zweitens das alte deutsche Grundgesetz, das den Menschen ans Herz gewachsen bleibt, das Kraft und Geltung behalten muss. Es wird ein durch Plebiszite gebilligtes Neben- und Miteinander dieser Grundordnungen und Staatlichkeiten geben. Und beide Grundgesetze werden verbunden durch die Abstimmung und die Akzeptanz des Souveräns, also des Volkes. Deutschland braucht das Plebiszit; Europa braucht es auch.

Das europäische Sozialmodell

Und: Dieses Europa braucht Bürger – Bürger, das sind Menschen, die ihre Zukunft, eine sozialstaatliche Demokratie, miteinander gestalten. Dabei gilt: Das europäische Demokratiemodell und das europäische Sozialmodell hängen zusammen. Europäisches Sozialmodell: das heißt nicht, dass es europaweit gleich hohe Mindestlöhne geben soll oder das gleiche Arbeitslosengeld oder die gleichen Renten oder Schulsysteme. Ein gesamteuropäischer, glattgehobelt dünner Sozialstaat mit stromlinienförmigen Vorgaben aus Brüssel, das ist kein europäisches Sozialmodell, sondern eher eine Horrorvorstellung. Europäisches Sozialmodell, das ist etwas anderes, nämlich der gemeinsame Nenner der Sozialordnungen: Guter Schutz und kluge Hilfe bei den großen Lebensrisiken, bei Krankheit, Arbeitslosigkeit und Pflegebedürftigkeit. Es ist ein gemeinsames Koordinatensystem, in dem die Achsen Solidarität und Gerechtigkeit heißen – und in dem dann die einzelnen Staaten ihre jeweiligen Koordinaten finden und von Brüssel, Straßburg und Luxemburg dabei nicht behindert, sondern unterstützt werden.

Ein Haus, das die Vielfalt bewahrt

Europa funktioniert ja nicht schon dann, wenn das Räderwerk in Brüssel läuft. Europa funktioniert nicht schon dann, wenn eine Elite sich in Brüssel und Straßburg zu Hause fühlt. Europa braucht nicht nur Kommissare und EU-Beamte.

Europa braucht mehr als nur Richtlinien, mehr als Euro- und Griechenland-Rettungspakete. Europa braucht nicht nur den Euro. Es braucht das Vertrauen der Menschen. In Europa wohnen nicht Euronen, sondern Bürgerinnen und Bürger.

Das Fundament des Europäischen Hauses steht nicht auf den Trümmern der Nationalstaaten. Wer die einzelnen Staaten zertrümmern will, um darauf Europa zu bauen; wer ihre Grundgesetze zerreißen will, um an deren Stelle eine neue gemeinsame Verfassung zu schreiben – der hat von Europa wenig verstanden. Europa zerschlägt nichts, Europa zerreißt nichts; Europa fügt zusammen. Verfassungen sind nicht dafür da, die Verfassung der Menschen zu ruinieren; sie sollen Vertrauen schaffen. Europa ist ein Werk, das ganz Verschiedenes, ja Widersprüchliches zur Übereinstimmung bringt. Europa ist ein demokratisches Projekt. Um es zu vollenden, braucht man keinen teuflischen Plan und keine teuflischen Alternativen. Man braucht dazu die Menschen.

Das Europäische Haus ist ein großes Haus mit vielen Räumen, vielen Türen, vielen Kulturen und vielen Arten von Menschen. Dieses Haus bewahrt die europäische Vielfalt und den Reichtum, der sich aus dieser Vielfalt ergibt. Dieses Haus ist die Heimat Europa.

Gesendet am 5.5.2013
im Norddeutschen Rundfunk

Heimat Böhmen, Heimat Oberpfalz.
Die Oberpfalz und Böhmen – sie sind
wie Dornröschen. Sie müssen wach
geküsst werden.

Die verlorene Geliebte

ls 1989 die deutsche Einheit wiederhergestellt war und die Debatten darüber begannen, ob denn nun Bonn oder Berlin die deutsche Hauptstadt sein solle, habe ich in der Redaktionskonferenz der Süddeutschen Zeitung – halb im Spaß, halb im Ernst – Regensburg als Hauptstadt vorgeschlagen. Das hatte natürlich auch etwas mit meinem Stolz auf die Heimat zu tun, aber nicht nur. Es ist ja so: in Regensburg gingen schon Kaiser und Könige aus und ein, als Berlin noch kein Mensch kannte. Gleichwohl: Mein Vorschlag verfing nicht weiter. Das mag zum einen daran gelegen haben, dass ich damals ein ziemlich neues Redaktionsmitglied war und sich zur Hauptstadtfrage nur die arrivierten Kollegen äußern durften; zum anderen hielt man mein Votum wohl für reichlich absurd. Es war freilich weniger absurd, als es ein paar Jahrzehnte vorher die Adenauer'sche Entscheidung für Bonn gewesen war.

Überhaupt kann von Absurdität nur einer reden, bei dem Geschichte erst mit dem 19. Jahrhundert einsetzt. Damals verschwand in der Tat Regensburg gerade von der politischen Landkarte: Das alte Zentrum des Alten Reiches schrumpfte damals zum Provinznest. Die siebzig Reichsversammlungen, Hof- und Kurfürstentage, welche die Freie Reichsstadt Regensburg beherbergt hatte, gerieten in Vergessenheit. Der Immerwährende

Reichstag, der seit 1663 in Regensburg getagt hatte, sperrte die Türen für immer zu. Das war im Jahr 1806. Die Gesandtschaften verscherbelten ihr Mobiliar an die örtlichen Bäcker- und Metzgermeister und reisten ab, die Thurn und Taxis ausgenommen. Und in der Gesandtenstraße, in der Straße, in der die Diplomaten aus ganz Europa residiert hatten, etablierte sich eine Schnupftabakfabrik. Von da an war in Regensburg die Vergangenheit noch viel vergangener als anderswo.

Diese Vergangenheit in Regensburg beginnt mit der Dritten Italischen Legion, die an der Mündung des Regens in die Donau ihr Castra Regina gebaut hatte; und die Vergangenheit hört in dieser Stadt etwa dort auf, wo sie in Berlin allmählich anfängt. Atlantis soll einst im Meer versunken sein, Regensburg versank am Anfang des 19. Jahrhunderts in der Provinz und im Plusquamperfekt. Aus der „Metropolis", wie ein geistlicher Geschichtsschreiber im 11. Jahrhundert die Stadt genannt hatte, wurde ein Nest auf römischem Fundament, mit einer unglaublichen Kirchen- und Klosterdichte, der angeblich ältesten Kantine Europas, genannt „Wurstkuchl", die schon den Erbauern der Steinernen Brücke als Brotzeitlokal gedient haben soll, und einem gotischen Mona-Lisa-Engel, der im Dom so melancholisch vor sich hin lächelt, als kenne er das Auf und Nieder der Stadt schon von Anbeginn.

In Regensburg wohnt man gotisch

Als vor vierzig Jahren die Universität Regensburg ihren Lehr- und Forschungsbetrieb aufnahm, war das das Fundament für eine Renaissance der Stadt. Aus dem miserabelsten Wohnviertel Deutschlands, aus den Slums unter Denkmalschutz der fünfziger Jahre, sind noble Quartiere in geschleckten Straßen geworden. Die Altstadt hat eine Traumsanierung erfahren. In Berlin wohnt man preußisch, in Regensburg gotisch. Wilhelm Ludwig Wekherlin glaubte 1778 in der Stadt Regensburg ein Abbild des „schwermütigen Reichsverfassungskörpers" zu sehen; heute glaubt man sich in einem glanzpolierten Abbild von Siena oder Florenz. Die Geschichte dieser Stadt passt zu diesem Aussehen. Sie ist weniger kleindeutsch denn europäisch. Regensburg ist sozusagen die Vorgängerin von Brüssel als europäisches Zentrum. Regensburg repräsentiert das alte Europa – aber auch das neue Europa: die Stadt schlägt die Brücke nach Böhmen, sie ist das Tor nach Osteuropa.

Ein heiligmäßiges Gesicht

Heimat. Als ich noch recht klein war und die Bedeutung des Wortes Kultur noch nicht zu erfassen vermochte, war mir allerdings Regensburg von Herzen zuwider. Es gab dort nämlich ein Geschäft namens „Leder Hackl", mitten in der Stadt, nicht weit vom Dom, vom Alten Rathaus und der Folterkammer. An diese Sehenswürdigkeiten habe ich in fraglicher Zeit aber keine Erinnerung. Regensburg war für mich einzig und allein ein Ort, der markant nach Wichse roch und in dem es Lederhosen, genannt Buxen, zu kaufen gab, die bei meiner Mutter als schier unverwüstlich galten. Ich war fünf, als ich die erste Lederbux bekam. Dass sie aus Hirschleder war, bezweifle ich nachträglich: Aber immerhin hatte diese Bux schöne Hosenträger, deren Verbindungsstück auf der Brust, genannt Quersteg, praktisch gestaltet war – als eine Art Geldbeutel mit Reißverschluss oben; und außen war ein weißer Hirsch angebracht. In diesem Behältnis pflegte ich, wie meine Freunde auch, die Fliegen zu sammeln, die wir tagsüber am Brettertor des Kindergartens erschlugen. Diese kurze Lederhose war also eigentlich nicht der Gegenstand meines Unbehagens; es waren vielmehr die Umstände ihres Erwerbes.

Mein Vater war gewiss kein geiziger Mann. Aber in der Oberpfalz war es damals, als sich dort das Wirtschaftswunder erst sehr zaghaft ankündigte, üblich, bei größeren Ausgaben – eine Lederhose zählte zweifellos dazu – über den Preis zu verhandeln: „Wie viel geht da noch weg?" Über Geld verhandeln, das war der

Beruf vom Papa – er war Stadtkämmerer in Nittenau, und das kluge Rechnen galt auch im Privaten. Wenigstens so viele Prozente sollten es sein, dass die Fahrtkosten nach Regensburg und das Mittagessen dabei heraussprangen. Ich genierte mich furchtbar, fühlte mich gebrandmarkt als einen, der den vollen Preis nicht wert ist. Kurz: Ich hielt das väterliche Verhalten, obwohl es erfolgreich war, für peinlich.

Die Scham übertrug sich auf den Ort. Ich mochte ihn nicht. Als wir ein halbes Jahr später wieder „in die Stadt" fuhren, um nun auch noch eine lange Lederhose zu erwerben, und an einem Geschäft vorbeikamen, das „Umsonst" hieß, schlug ich vor, die Hose doch gleich dort einzukaufen. Meine schlechte Meinung über Regensburg änderte sich auch dann nicht, als man mich in der vierten Klasse Volksschule probeweise in das bischöfliche Knabenseminar Obermünster steckte, „Priesterseminar" nannte man den Ort. Es war dies ein grässlicher gefängnisartiger Bau, in dessen endlosen Fluren die schlecht gerahmten schwarz-weißen Fotografien diverser Priesterjahrgänge hingen, der sogenannten Primizianten – die allesamt ein heiligmäßiges Gesicht zur Schau trugen. Der Tagesablauf in diesem Knabenseminar war entsprechend. Ich hielt es nicht lange dort aus. Aber weiß Gott, was aus mir geworden wäre, wenn ich es ausgehalten hätte. Kürzlich, nach dem Weihnachtsgottesdienst in einem Kloster, kam der Alt-Abt auf mich zu, lobte meinen Weihnachtsleitartikel in der Süddeutschen Zeitung und sagte: „Aus Ihnen wär' auch ein guter Bischof geworden."

Visionen einer unverlierbaren Geschichte

Heimat. Unlängst habe ich die Werke des böhmischen Schriftstellers Johannes Urzidil gelesen. Urzidil war ein Zeitgenosse von Kafka, Brod und Werfel, er ist 1939 vor Hitler erst nach Großbritannien und dann in die USA, nach New York, emigriert. Statt dort seiner verlorenen böhmischen Heimat nachzutrauern setzte er ihr ein Denkmal: Inmitten der Wolkenkratzerriesen von

New York beschrieb er den Blick vom Stingelfelsen im Böhmerwald, machte er seine Streifzüge durch seines Vaters Apotheken-
kästchen und durch die böhmische Geschichte. Er schrieb über
Böhmen als „Die verlorene Geliebte der europäischen Geschichte". Er baute seine böhmischen Dörfer in New York wieder auf,
nicht als Heimat- oder Heimwehidyllen, sondern als Visionen einer unverlierbaren Geschichte – an deren Zerstörung wir Deutsche uns bis 1945 tatkräftig beteiligt haben.

Die drei Seelen Prags

Das alte Prag – es war einmal. Das alte Böhmen – es war einmal. Böhmen, Prag zumal, hat bis tief ins zwanzigste Jahrhundert hinein drei Seelen gehabt: die deutsche, die jüdische und die
tschechische. Die jüdische und die deutsche Seele wurden zerstört. Prag war eine Stadt, in der Deutsch geschrieben wurde.
Viele der großen Schriftsteller dort, die meisten Juden, schrie-
ben noch in den zwanziger und dreißiger Jahren Deutsch. Max
Brod, Franz Werfel, Leo Perutz, Johannes Urzidil – und die vielen, vielen, die vergessen sind: Hans Natonek, Melchior Vischer,
H.G. Adler, Hermann Ungar, Paul Kornfeld, Joseph Hahn, Hugo
Sonnenschein. Mein Gott, welche literarische Kraft war hier zu
Hause: Rilke kam aus Prag, 1875 dort geboren; Adalbert Stifter,
der große Dichter, wurde 1805 im böhmischen Oberplan geboren. Franz Kafka, geboren 1883 in Prag, gestorben 1924 in Kier-
ling, heute ein Stadtteil von Klosterneuburg, erlangte Weltruhm,
als Max Brod, sein enger Freund und Schriftstellerkollege, seine Werke veröffentlichte – gegen Kafkas erklärten Willen. Das
Jüdische, das Deutsche in Böhmen – die Nazis haben das alles
ausgerottet.

Erst kam Hitler-Deutschland über die Tschechen und zer-
störte die jüdische Kultur, dann, nach 1945, trieben die Tschechen die deutsche Kultur aus. Und dann kamen die Sowjets und
hätten fast auch noch die tschechische Kultur zerstört. Ein Volk,
das vergewaltigt wurde, hat dann selbst vergewaltigt und ist

schließlich wieder vergewaltigt worden. Es ist eine furchtbare Geschichte. Die Zerstörung des Deutschen in Böhmen war zugleich die Selbstzerstörung der tschechischen Geschichte, denn die Sudentendeutschen waren Teil der Geschichte des Landes über Jahrhunderte – so wie auch die Juden Teil der Geschichte des Landes gewesen waren. In Johannes Urzidils Werk blieben die Kraft der drei Kulturen Böhmens erhalten: „Meine Heimat ist", so schrieb der Dichter, „was ich schreibe".

„Meine Heimat ist, was ich schreibe": Das ist für einen Journalisten kein schlechtes Motto. Bei mir ist es eher so, dass Heimat das ist, worüber ich schreibe. Ich schreibe als politischer Journalist über die Demokratie, über den Sozialstaat und über Europa. Die Konkretisierung dieser abstrakten Begriffe hat sehr viel mit Heimat zu tun.

Mein Europa sind drei Möbelstücke

Was stellen Sie sich vor, wenn Sie an Europa denken? Welchen Ort hat Ihr Europa? Mein Europa sind drei Möbelstücke. Sie sind sehr alt, sie gehören mir nicht, sie stehen nicht in meiner Wohnung: Es handelt sich um eine lange Bank, um einen grünen Tisch und um ein Konfekt-Tischchen. Alle drei kann man im Alten Rathaus zu Regensburg besichtigen. Dieses Rathaus ist nicht irgendein altes Rathaus, es ist ein europäischer Ort. Hier wurden europäische Grenzen gezogen, hier wurde, als die Türken vor Wien standen, beraten, wie man der Gefahr Herr wird. Hier nämlich tagte eineinhalb Jahrhunderte lang, von 1663 bis 1806, der Immerwährende Reichstag. Das war ein Kongress der Gesandten der Kurfürsten, der Fürsten und der Reichsstädte des „Heiligen Römischen Reiches deutscher Nation", zu dem in seinen großen Zeiten das gesamte Gebiet des heutigen Mittel- und Südeuropa gehörte.

Die lange Bank, der grüne Tisch und das Konfekt-Tischchen sind übrig geblieben aus der Zeit, als Regensburg das Zentrum von Kerneuropa war: Der Immerwährende Reichstag hat versucht, die Vielzahl der großen, kleinen und ganz kleinen Herrschaften des Alten Reiches zu koordinieren. Bis ein Gesetz verabschiedet war, musste man sich von Nassau-Usingen bis Kriechingen, von Köln bis Bopfingen unterreden; aber erst die Signatur des Kaisers in Wien verschaffte den Conclusa Geltung. Das Procedere war umständlich, es war schwerfällig, es war föderal und partizipativ, es war europäisch à la Brüssel; und es nahm die Langsamkeit und die Mühseligkeit demokratischer Prozesse schon irgendwie vorweg.

Die drei Möbelstücke sind die Symbole dafür: Der „grüne Tisch" war das Tableau von Entscheidungen, die fern der Realität waren. Auf der „langen Bank" saßen nicht nur die Gesandten; dort wurden auch die unerledigten Akten gelagert, die so lange nachgeschoben wurden, bis sie am anderen Ende herunterfielen. Und schließlich das Konfekt-Tischlein: dort durften sich die Gesandten und ihr Personal bedienen.

Das alles hat etwas sympathisch Bescheidenes. Dieses Alt- und Kerneuropa protzt und prunkt nicht. Und der alte Reichstags-Saal ist so klein, wie das alte Reich groß war. Das ist meine Heimat Europa – und noch etwas gehört dazu, kein Möbelstück, sondern ein Bauwerk, eine Brücke, die Steinerne Brücke zu Regensburg: sie schlägt nämlich ihre Bögen von Bayern nach Böhmen, von Regensburg nach Prag. Diese Steinerne Brücke über die Donau in Regensburg war das Vorbild für die Brücke über die Moldau in Prag, für die Judith-Brücke also, die heutige Karlsbrücke. Von Regensburg aus führten wichtige Handelswege den Regen entlang durch die Cham-Further-Senke ins Böhmische. Regensburg und Prag sind, das Gefühl dafür entsteht gerade erst wieder, Zwillingsstädte. Regensburg und Prag, beides sind, beides waren Metropolen der Provinz.

Metropolen der Provinz

Die Geschichte dieser Zwillingsstädte und Zwillingsregionen beginnt geschichtsmächtig im Jahr 845, zur Zeit Ludwigs des

Deutschen, als sich 14 böhmische Fürsten in Regensburg taufen ließen. Die ältesten liturgischen Handschriften Prags stammen aus der Schreibschule des Regensburger Klosters St. Emmeram. Böhmen wurde von diesem Kloster und vom Kloster Chammünster aus missioniert, bevor Bischof Wolfgang das Missionsgebiet im Jahr 973 durch die Errichtung des Bistums Prag in die Unabhängigkeit entließ. Im Spätmittelalter drehte sich dann das Dominanzverhältnis um: Das Bistum Regensburg war dem Prager Erzbischof als päpstlichem Legaten zugeordnet.

Regensburg und Prag, die Oberpfalz und Böhmen: Man kann die gemeinsame Geschichte, von der so viel verloren gegangen und die wieder gewonnen werden muss, noch sehen, man kann sie besichtigen, bewundern – in den Glasfenstern des Regensburger Doms zum Beispiel: dort findet man das Wappen des Königreichs Böhmen, den weißen Löwen im roten Feld, an der Ostwand des Hauptchores; den Heiligen Wenzel, den Schutzheiligen Böhmens, findet man im Seitenschiff; und Karl IV., den großen böhmischen König und römisch-deutschen Kaiser findet man im Prophetenfenster des Doms. Dieser Karl IV. hat ab 1355 Sulzbach (heute Sulzbach-Rosenberg) zu einem der Zentren des Reiches erhoben, seine Kanzlei war vorbildlich für die Weiterentwicklung der deutschen Sprache, er hat in Prag die erste Universität Mitteleuropas gegründet. Unter Prager Kaiser Karl IV. wurde die Schriftsprache der Deutschen geboren – und neben dem Latein in den amtlichen Verkehr aufgenommen.

Das Armenhaus des Heiligen Römischen Reiches

Heimat Europa. Man muss diese Domfenster in Regensburg anschauen, man muss über die Steinernen Brücken von Regensburg und Prag gehen – und dann die Exzesse der böhmisch-oberpfälzischen Geschichte in die Moldau und in die Donau werfen und wegschwimmen lassen; man muss die Fremdheiten überwinden, die die alten Nationalismen aufgetürmt haben. Da es im abendländischen Denken eine metaphysische Dimension gibt, gibt es auch die Auferstehung: die Besinnung auf die Ursprünge abendländischen Denkens, auf die geschichtliche Kontinuität, auf die Klammer der Jahrhunderte, auf das Miteinander.

Die Oberpfalz ist ein Land, das Jahrhunderte lang wie kaum ein anderes in Deutschland unter Kriegen gelitten hat. Unter Friedrich Barbarossa war die Oberpfalz noch das prosperierende Reichsland gewesen, später wurde die Oberpfalz der Steinacker des Reichs, das Armenhaus des Heiligen Römischen Reiches Deutscher Nation. Warum? Im dreißigjährigen Krieg war die Oberpfalz, ihrer Nähe zu Böhmen wegen, das ständige Durchzugsgebiet kaiserlicher und schwedischer Truppen. Die Söldnerheere beider Kriegsparteien plünderten und brandschatzten in den oberpfälzischen Städten, Märkten und Dörfern. Manche Orte wurden nacheinander von Truppen beider Kriegsparteien überfallen und ausgeraubt. Nach dem Dreißigjährigen Krieg war die Oberpfalz wirtschaftlich völlig ruiniert, das einst blühende Ruhrgebiet des Mittelalters hatte jegliche wirtschaftliche Bedeutung und Leistungskraft verloren.

Wo der dreißigjährige Krieg dreihundert Jahre währte

Das Land blieb ein Armenhaus, über zwei Jahrhunderte lang. Als nach 1806 im neu errichteten Königreich Bayern für das Militär Rekruten ausgehoben wurden, gab es nirgendwo so viele untaugliche junge Männer wie in der Oberpfalz. Sie waren unterernährt und kamen aus regelrechten Elendsgebieten. Nirgendwo in Bayern gab es weniger Schulden pro Kopf, nirgendwo gleichzeitig mehr Arme und Mittellose. Man muss dazu einmal Johann Christoph Gottsched zuhören, wie er in seiner „Zornigen Ode" das „wüste, raue Land" beschimpft – und damit die Oberpfalz meint. Dass die Oberpfalz keine Toskana ist, wissen ihre Bewohner selbst. Nicht von ungefähr geht hier die Sage, dass Petrus einst dem Teufel das Land zwischen Böhmerwald und Oberpfälzer Jura, zwischen Stiftland und Donau angeboten habe. Der

Teufel soll dankend abgelehnt haben: „B'halts!" war seine wenig freundliche Antwort – und diese Antwort soll dem Land den Namen gegeben haben.

Für die Oberpfalz hat der dreißigjährige Krieg nicht nur dreißig, sondern zwei-, dreihundert Jahre gedauert. Unter den Wirren der Hussitenkriege und ihren Nachfolgern hat das Land so gelitten, dass diese Kriege sich bis heute ins Bewusstsein eingebrannt haben – dabei ist der fatale Ausgangspunkt dieser Kriege schon fast 600 Jahre her: Am 6. Juli 1415 ist der böhmische Reformtheologe Jan Hus beim Konzil von Konstanz auf dem Scheiterhaufen verbrannt, obwohl der König Sigismund, der ein schwacher König war, ihm freies Geleit zugesichert hatte.

Die Entdeckung Amerikas im Jahr 1492 gilt gemeinhin als die Wende zwischen Mittelalter und Neuzeit. Durch dieses spektakuläre Ereignis wird die wahre Umwälzung verdeckt, die 1415 ihr historisches Datum hatte, als in Konstanz der böhmische Reformator Jan Hus als Ketzer verbrannt wurde. Jan Hus gab dem europäischen Denken jene Richtung, die über Luther und Calvin bis zu uns heute führt. Jan Hus – er steht für den Aufstand des Gewissens gegen die Macht. Der Aufstand des Gewissens ist also eine böhmische Erfindung; er hat sich wiederholt, als sich 1968 die Menschen auf dem Wenzelsplatz gegen die sowjetischen Panzer stellten, die den Prager Frühling niederwalzten.

Das erleuchtete Gewissen

1415: Dieses schreckliche Scheiterhaufen-Datum ist eines der wichtigsten, nein, es ist wohl das wichtigste Datum der oberpfälzisch-böhmischen Geschichte. Jan Hus, mittlerweile von der römisch-katholischen Kirche rehabilitiert, war, hundert Jahre vor Martin Luther, ein Reformator der Kirche. Er hat, wie später Luther, gegen den Ablasshandel gepredigt, er vertrat die Thesen des im Jahr 1384 verstorbenen John Wyclif, er lehnte also den kirchlichen Feudalismus, den kirchlichen Großgrundbesitz und den Zölibat als biblisch nicht vorgegeben ab. Jan Hus lehrte, dass nicht Papst und Klerus, sondern die Gläubigen selbst die Kirche verkörpern. Jan Hus stellte die erkannte Wahrheit und das von Gott erleuchtete Gewissen über menschliche Autorität.

Das klingt noch heute unglaublich modern, da würde er vom Regensburger Bischof wohl noch heute scheel angeschaut; und das war damals unglaublich revolutionär, das war eine Bedrohung für die Autokratie der so eng verbundenen weltlichen und kirchlichen Macht. Diese Bedrohung hat man damals, vor 600 Jahren, verbrennen und so auslöschen wollen. Verrat hat Jan Hus auf den Scheiterhaufen gebracht – der schwache Kaiser Sigismund hielt das Versprechen des freien Geleits zum Konzil nach Konstanz nicht ein. Und die damals so marode und korrupte katholische Kirche enthob den Kaiser aller moralischen Skrupel, indem sie ein Wort, das man einem Ketzer gegeben habe, für unverbindlich erklärte.

Der Scheiterhaufenmord an Jan Hus

Dabei hatte sich die Anreise Hussens zum Konzil noch ganz freundlich gestaltet: Hus reist am 11. Oktober 1414 aus Prag ab. Ihn begleiten rund 50 Personen, darunter auch böhmische Adelige, die für seine Sicherheit bürgen sollen. Hus wurde in deutschen Landen freundlich aufgenommen. In einem berühmten Brief aus Nürnberg an seine Prager Freunde nennt Hus die einzelnen Stationen: Von Bärnau ging es über Neustadt/Waldnaab, Weiden und Sulzbach nach Hirschau, von dort weiter über Hersbruck nach Nürnberg. Aus dem Brief geht hervor, dass Hus bei seinen Aufenthalten Gelegenheit zu öffentlichem Bekenntnis und Disput hatte. In Bärnau hatte ihn der Pfarrer sogar als Freund empfangen und verdeutlicht, dass er Hussens Lehre gut gekannt habe.

Aber in Konstanz kehrten sich dann die Machtinteressen wider ihn: und so geschah also das Furchtbare, das so furchtbare Folgen haben sollte – ich zitiere den Augenzeugenbericht des Peter Mladoniowitz, dem Schreiber des Ritters Jan von Chlum:

„Die Holzbündel, die mit Stroh vermischt waren, legten sie überall rings um den Körper des so dastehenden Magisters bis an sein Kinn. An Holz waren es zwei Fuhren ... Dann zündete der Henker den Magister an. Er sang darauf mit lauter Stimme zuerst: Christus, Sohn des lebendigen Gottes, erbarme dich meiner ... und als er zum dritten Mal begonnen hatte zu singen, schlug ihm alsbald der Wind die Flamme ins Gesicht, und also in sich betend und Lippen und Haupt bewegend, verschied er im Herrn. Im Augenblick der Stille aber, bevor er verschied, schien er sich zu bewegen, und zwar so lange, als man höchstens zwei oder drei Vaterunser sprechen kann."

Man muss das so ausführlich zitieren, weil dieser Scheiterhaufenmord unsere Geschichte verändert hat. Diese Geschichte hätte ein bayerisch-böhmisches Märchen sein können. Aber nun wurde aus Eintracht Zwietracht, aus dem Miteinander ein Gegeneinander, aus Nachbarschaft Feindschaft. Schuld waren nicht die Menschen in diesem Landstrich zwischen Regensburg und Prag, schuld waren die Machtinteressen von Kirche und Politik.

Wie Reliquien

„Als das Holz verbrannt war und immer noch eine Körpermasse dastand, die an der Kette um den Hals hing, stießen die Henker die Masse zusammen mit der Säule zu Boden, belebten das Feuer weiter, und zwar mit einer dritten Holzfuhre und verbrannten die Masse vollständig. Sie gingen herum und schürten die Knochen mit Stangen zusammen, damit sie umso schneller zu Asche würden. Und als sie sein Haupt fanden, teilten sie es mit einer Stange in Stücke und warfen es wieder ins Feuer. Da sie aber unter den inneren Organen sein Herz gefunden hatten, spitzten sie eine Stange nach der Art eines Spießes an und befestigten am Ende das Herz, brannten es besonders und schüttelten es beim Verbrennen mit Stangen und machten schließlich die ganze Masse zu Asche. Und auf Geheiß warfen die Henker sein Hemd zusammen mit den Schuhen ins Feuer und sagten dabei:

Damit das die Böhmen nicht etwa wie Reliquien halten ... Und so luden sie zusammen mit den einzelnen genannten Aschenteilen der Holzscheite alles auf einen Wagen und versenkten es im nahen Rheinfluss daselbst und zerstreuten es".

So begannen die Hussitenkriege

Die Flammen des Scheiterhaufens in Konstanz setzten das ganze Reich in Brand, die Grausamkeit von Konstanz gebar zigtausend neue Grausamkeiten, und viele davon geschahen in der Oberpfalz. Als am 30. Juli 1419 einige katholische Ratsherren vom Prager Neustädter Rathaus aus eine hussitische Prozession mit Steinen bewarfen, stürmte die aufgebrachte Menge das Gebäude, und warf Bürgermeister, Ratsherrn und Gerichtsdiener aus den Fenstern hinaus – in die Spieße der darunter wartenden Menge. Es war dies der erste Prager Fenstersturz, weitere folgten. Und König Wenzel regte sich darüber so auf, dass ihn im August der Schlag traf. Die Böhmen erhoben sich gegen König und Amtskriche, gegen die Klöster, gegen die Bischofs- und die Adelssitze. So begannen die Hussitenkriege, so begannen die Europäischen Religionskriege. Die Hussiten stellten Heere auf und unternahmen Raubzüge zumal in die Oberpfalz, um die eigene Versorgung in den Kriegen zu sichern. Und das Reich führte zahlreiche Kreuzzüge gegen Böhmen, die fast alle ziemlich schmählich endeten,

Ein Bild aus dieser Zeit begleitet mich seit meiner Bubenzeit in Nittenau: Es dürfte in meiner dritten Volksschulklasse gewesen sein, dass der Lehrer, es war der Rektor Alois Jehl, uns Kindern erzählte, dass die Hussiten bei einem ihrer Raubzüge in die Oberpfalz den Pfarrer von Nittenau gefangen setzten, an ihren Wagen ketteten und dann bis nach Taus in Böhmen mitschleppten ... dieses Bild des Nittenauer Pfarrers an der Kette des Hussitenwagens hat sich mir bis zum heutigen Tag eingeprägt. Im böhmischen Taus, dort also, wohin auch der Nittenauer Pfarrer verschleppt wurde, erlitten die deutschen Fürsten, vom päpstlichen Gesandten Julian Caesarini zum Kreuzzug gegen „die böhmischen Ketzer" aufgerufen, ihre schmählichste Niederlage: Der Markgraf von Brandenburg als Führer des Kreuzzugs flüchtete vor den Hussiten kampflos und panikartig über Waldmünchen und Furth nach Bayern zurück. Diese Panik hatte einen Grund: Die unbeschreiblichen Gräuel, die das Kreuzfahrerheer zuvor an der böhmischen, auch an der nicht hussitischen christlichen Bevölkerung angerichtet hatte. Zweihundert böhmische Ortschaften waren niedergebrannt worden.

Die Schlacht bei Taus, die keine Schlacht, sondern eine große Flucht war, bildet seit dem Jahr 1952 den historischen Hintergrund des Drachenstich-Festspiels in Furth im Wald. Nur ein einziges Mal wurden die Hussiten besiegt – am 21. September 1432 in der Schlacht bei Hiltersried – diese Schlacht, die keine sehr große war, auf jeder Seite kämpften unter tausend Mann, ist der Hintergrund des Freilichtspiels in Neunburg vorm Wald, das den Namen „Hussenkrieg" trägt. Besiegt hat sich die hussitische Bewegung dann selbst, im Kampf zwischen den gemäßigten Kalixtinern und den radikalen Taboriten, die eine Art christlichen Urkommunismus leben wollten.

Kalixtiner und Taboriten

Die hussitischen Ideale hatten anfänglich durchaus viele Anhänger auch in der oberpfälzischen Geistlichkeit – aber die Reaktion der Amtskirche war brutal: Im Frühjahr 1421 wurde in Regensburg der Kaplan Ulrich Grünsleder, ein gebürtiger Vohenstraußer, auf Befehl von Bischof Albert III. auf dem Regensburger Domplatz verbrannt, weil er die Schriften von Jan Hus übersetzt und verbreitet und dessen Hinrichtung auf dem Konzil in Konstanz getadelt hatte. Kaplan Grünsleder war nicht der Einzige, dem es so erging, weil er es wagte, gegen die klerikale herrschende Klasse aufzubegehren. „Es ist schon erstaunlich und kommt nicht von ungefähr", so heißt es in einem lehrreichen Aufsatz von Werner Perlinger aus dem Jahr 2011 in der

Zeitschrift „Die Oberpfalz", dass damals „die Bevölkerung trotz
der kriegerischen Drangsale im Grenzbereich zunächst den
Ansichten des Jan Hus und somit auch dieser Bewegung zuge-
neigt war".

Eine Geschichte der Glaubenskämpfe

Seit Jan Hus war die Geschichte Böhmens (und damit meist
auch die der Oberpfalz) eine religiöse Geschichte, eine Geschichte der Glaubenskämpfe – „nach 1945 selbst noch in der
Abwendung von Gott", wie der Journalist Jürgen Serke schreibt,
der die böhmische Kultur und Geschichte kennt wie kaum ein
anderer. Der christliche Kommunismus der Taboriten, der Teil
der hussitischen Bewegung war, führte schließlich – so meint
Serke – hin zum kommunistischen Marxismus.

Zum neuen Miteinander der Oberpfälzer und der Böhmen gehört es auch, auf die Hussiten mit anderen Augen zu schauen als
bisher. Jan Hus ist die große Figur der böhmischen Geschichte.
Der heilige Johannes von Nepomuk ist auch eine große Figur der
böhmischen Geschichte. Der Märtyrer des Beichtgeheimnisses
wurde zwanzig Jahre vor Jan Hus ermordet. Als man Jahrhunderte später sein Grab öffnete, fand man, so die Legende, im To-
tenschädel völlig unversehrt die Zunge, an deren Schweigen die
Gewalt des Königs zu Schanden gekommen war. Auf der Karlsbrücke zu Prag steht seitdem ein Standbild des Heiligen Nepomuk, der 1729 heilig gesprochen wurde. Das Antlitz des Heiligen, von dem nie ein Bild überliefert wurde, trägt die Züge des
Jan Hus. Und so verbinden Jan Hus und Johannes von Nepomuk
die Geschichte des Landes zwischen Regensburg und Prag.

Wir müssen unser Europa hier, genau hier in diesem Landstrich, wiederfinden. Wir müssen den Reichtum entdecken, der
in der Geschichte dieser Länder steckt, die so lange auch eine
gemeinsame war, und wir müssen die Zukunft darauf bauen,
eine europäische Zukunft. Wir haben es uns angewöhnt, über
die Bürokratie von Brüssel zu klagen, über die Demokratiede-

fizite, über die Kosten, über den Wirrwarr von Richtlinien. Und viele Politiker mäkeln kräftig mit. Früher haben sie ihre Reden mit dem Satz begonnen: „Ich bin für Europa, und deshalb ..." Heute reden selbst die Europa-Befürworter wie folgt: „Ich bin für Europa, aber ..." Wir haben verlernt, das Wunder zu sehen. Europa ist ein Wunder. Dieses Europa der Europäischen Union ist das Beste, was Europa je passiert ist. Vielleicht ist Brüssel, die Europäische Hauptstadt, ein bisschen sehr weit im Westen. Ich sähe sie lieber in Wien, in der Mitte Europas – in der Hauptstadt des ehemaligen Habsburger-Reiches, die in gewisser Weise ein Vorläufer der Europäischen Union war.

In der Mitte Europas

In den Ferien fahren wir nach Florenz und nach Nizza, nach Prag, Athen und Kopenhagen, wir laufen durch die Museen, durch die Klöster, Schlösser und Gärten, Kirchen und Tempel, wir sind vergnügt, schauen mit großen Augen – und sehen trotzdem nicht, wie diese Europäische Union all dies bewahrt, in sich birgt und darauf aufbaut. Wie würde Joseph Roth, der große Schriftsteller, der Herzens-Europäer, heute durch dieses neue Europa gehen? 1932 hat er in der Frankfurter Zeitung, im Vorwort zu seinem „Radetzkymarsch", bittere Klage geführt über den Untergang des alten Europa: „Ein grausamer Wille der Geschichte hat mein altes Vaterland, die österreichisch-ungarische Monarchie, zertrümmert. Ich habe es geliebt, dieses Vaterland, das mir erlaubte, ein Patriot und ein Weltbürger zugleich zu sein, ein Österreicher und ein Deutscher unter allen österreichischen Völkern. Ich habe die Tugenden und die Vorzüge dieses Vaterlands geliebt, und ich liebe heute, da es verstorben und verloren ist, auch noch seine Fehler und Schwächen."

Aus Trauer über den Untergang des alten Europa und des Vielvölkersstaates der Habsburger hat er sich damals erst in die Kapuzinergruft und dann in den Alkohol geflüchtet. Herrgott, wie würde dieser Joseph Roth heute schreiben! Er würde jubilieren, er würde tanzen in seinem Café Tournon, er würde schreiben und schreiben. Er würde die europäische Geschichte tanzen lassen. Und es wäre ihm schwindlig vor Glück: Sein altes Europa ist ganz neu auferstanden, größer, friedlicher, einiger denn je.

Die Sorge um den inneren Frieden

Die Europäische Union ist nun das Ende eines ewigen Krieges, den fast alle gegen fast alle geführt haben. Sie ist ein unverdientes Paradies für die Menschen eines ganzen Kontinents. EU ist das Kürzel für das goldene Zeitalter der europäischen Historie. Das klingt emphatisch und in diesen Zeiten fast unangebracht. Aber es ist so.

Solche Lobpreisungen sind freilich noch keine ausreichende Antwort Europas auf die sozialen Ängste seiner Bürger. Sozialpolitik ist nicht ein Annex des Ökonomischen, sie darf es nicht sein; Sozialpolitik ist eine Politik, die Heimat schafft, erst Sozialpolitik macht aus einem Staatsgebilde, aus einer Union eine Heimat für die Menschen, die darin leben. Wer seinen Nationalstaat als Heimat erlebt hat, der will daraus nicht vertrieben werden. Er will, wenn die Heimat Nationalstaat zu schwach wird, Europa als zweite Heimat. Wenn also in europaweiten Protesten Demonstranten immer wieder von ihren Regierungen fordern, in einer globalisierten Welt für ein gewisses Maß an ökonomischem Anstand zu sorgen, dann ist das nicht unbillig. Regeln für ein sozialverträgliches Wirtschaften gehören zum inneren Frieden. Und die Sorge darum, die Sorge um diesen inneren Frieden, gehört zu den Grundaufgaben der Europäischen Union. Die Menschen in Europa wollen eine Union, die ihnen hilft, die ihnen die Angst vor Arbeitslosigkeit und vor Billigkonkurrenz nimmt. Sie wollen eine Union, die eine Schutzgemeinschaft ist. Die Menschen in Europa wollen spüren, dass diese Europäische Union für sie da ist und nicht vor allem für Banken und den internationalen Handel.

Es wird Zeit, dass wieder Frühling und Sommer wird in Böhmen und der Oberpfalz. Hier, zwischen Regensburg und Prag, entscheidet sich, ob an die große alte Geschichte angeknüpft werden kann, hier, zwischen Regensburg und Prag, entscheidet sich, ob Mitteleuropa wieder aufersteht; hier, zwischen Regensburg und Prag entscheidet sich vielleicht auch die Zukunft Europas. Hier ist die Nahtstelle zwischen der alten Europäischen Gemeinschaft des letzten Jahrhunderts und der Europäischen Union des neuen Jahrtausends. Schauen Sie auf die Landkarte – hier ist die Mitte Europas. Trauen wir uns daher, pathetisch zu sein: Dieses Land zwischen Regensburg und Prag war einmal das Herz Mitteleuropas. Dieses Herz hat Infarkte erlitten, dieses Herz ist schwach. Die Oberpfalz und Böhmen brauchen Herzschrittmacher.

Die Nahtstelle Europas

Dieses Land zwischen Regensburg und Prag ist die verlorene Geliebte der abendländischen Geschichte. Es ist ein uraltes Kulturland, es ist die Heimat des „Ackermanns von Böhmen". Vor sechshundert Jahren hat Johannes von Tepl, in der Umbruchzeit zwischen Mittelalter und Renaissance, das große Streitgespräch des „Ackermanns von Böhmen" mit dem Tod geschrieben. Er beklagt in diesem Streitgespräch den Tod seiner Frau – und daraus entsteht eine großartige Auseinandersetzung zwischen Mensch und Tod über den Sinn des Lebens. Dieses Streitgespräch muss in einer ganz neuen Fassung wieder aufgenommen werden – es muss gestritten werden für das neue Leben dieses alten Landes zwischen Regensburg und Böhmen.

Christoph Willibald Gluck, der große Komponist der Vorklassik, geboren im oberpfälzischen Berching, dann über Prag nach Wien gewandert, hat die wunderbare Oper „Orpheus und Eurydike" komponiert. Das zwar vor 250 Jahren. Orpheus gelingt es, seine geliebte Eurydike wieder aus der Unterwelt zu holen. So ein Unterfangen brauchen Böhmen und die Oberpfalz auch, dieses

Land muss wieder nach oben kommen. Für mich ist der Reigen der seligen Geister aus Glucks Oper eines der schönsten Musikstücke, die ich kenne. In der Oper „Orpheus und Eurydike" ist dieser „Reigen der seligen Geister" eine Himmelsmusik, die Musik, die im Elysium erklingt. Ich wünsche mir, dass es so etwas ist wie die gute Hymne für unser Land.

Als ich vor Jahrzehnten hier in Nittenau zur Schule ging, bei Rektor Alois Jehl in die Volksschule, bei Direktor Alois Bergmann ins Gymnasium, das damals noch nicht Regental-Gymnasium, sondern Oberrealschule Nittenau hieß, war nicht weit von hier die Welt zu Ende. Man fuhr nach Cham und noch ein Stück weiter, nach Furth im Wald, und man stand vor dem Eisernen Vorhang, man war an der Grenze, die Europa zerriß – und dahinter waren angeblich Düsternis und der Kommunismus. Und nur einmal, 1968, da war ich 15, hellte sich damals die Düsternis für kurze Zeit auf. Der „Prager Frühling" machte Hoffnung, dass der Raum zwischen Regensburg und Prag wieder zu leben beginnt. Die Panzer des Warschauer Pakts zerstörten den „Prager Frühling" schnell wieder und es wurde wieder Winter. Es wird Zeit, dass wieder Frühling und Sommer wird.

Wenn man es märchenhaft sagen will: Die Oberpfalz und Böhmen – sie sind wie Dornröschen. Sie müssen wach geküsst werden.

Auszüge aus einem Vortrag
in Nittenau am 9.2.2012

Heribert Prantl

Kindheit.
Erste Heimat

Gedanken, die die Angst
vertreiben

Taschenbuch.
www.ullstein-buchverlage.de

Denkanstöße zu den großen Fragen des Lebens

Eine gute Familie muss keine heilige Familie sein. Aber
Familie sollte ein Ort sein, der Sicherheit, Schutz und
Nähe gibt: Jeder Ort, an dem Kinder das erfahren, ist
Familie. Eine gute Kindheit ist eine Kindheit, die ge-
tragen wird von der antiautoritären Autorität des Her-
zens. Eine gute Kindheit ist eine Kindheit, in der Kinder
möglichst wenig Angst haben müssen. Es ist ein Glück
für ein Kind, wenn es mit Geschichten aufwächst, die
Angst vertreiben und Neugier wecken.

ullstein

Markus Gabriel

Warum es die Welt nicht gibt

Taschenbuch.
Auch als E-Book erhältlich.
www.ullstein-buchverlage.de

»*Eine großartige Gedankenübung*« *Slavoj Žižek*

Woher kommen wir? Sind wir nur eine Anhäufung von Elementarteilchen in einem riesigen Weltbehälter? Und was soll das Ganze eigentlich?

Die Welt gibt es nicht. Aber das bedeutet nicht, dass es überhaupt nichts gibt. Mit Freude an geistreichen Gedankenspielen, Sprachwitz und Mut zur Provokation legt der Philosoph Markus Gabriel dar, dass es zwar nichts gibt, was es nicht gibt – die Welt aber unvollständig ist. Wobei noch längst nicht alles gut ist, nur weil es alles gibt. Und Humor hilft durchaus dabei, sich mit den Abgründen des menschlichen Seins auseinanderzusetzen.

»*Das Buch macht große Lust, sich Fragen nach Wirklichkeit, Religion und Sinn zu stellen.*«
FAZ

Peter Scholl-Latour

Die Welt aus den Fugen

Betrachtungen zu den
Wirren der Gegenwart

Taschenbuch.
Auch als E-Book erhältlich.
www.ullstein-buchverlage.de

Die Weltpolitik gleicht derzeit einem aufziehenden Gewittersturm. Ob in Schwarzafrika oder Lateinamerika, in Arabien oder im Mittleren Osten – überall braut sich Unheilvolles zusammen. Und auch Europa und die USA, einst Hort der Stabilität, werden von Krisen heimgesucht wie seit langem nicht. Peter Scholl-Latour kennt die Welt wie kein Zweiter. Vor dem Hintergrund seiner sechzigjährigen Erfahrung als Chronist des Weltgeschehens beleuchtet er die Brennpunkte der aktuellen Weltpolitik.

> *»Peter Scholl-Latour versteht es, mit Worten zu malen.*
> *Eines seiner besten Bücher.«*
> **Hans-Dietrich Genscher**

> *»Man kann nach dem erfahrungssatten Erzählton*
> *Peter Scholl-Latours süchtig werden.«*
> **Denis Scheck**

ullstein